AF586585

NOUVEAU BARÊME
DU BASCULEUR DE BETTERAVES

CALCUL DE LA TARE

RÉDUIT A SA PLUS GRANDE SIMPLICITÉ

PAR

C. GEORGET

Basculeur à la Sucrerie de MM. Prudhomme, Baudouin et Cie
à Nouvion-le-Comte (Aisne)

Ce Barême réduit le calcul d'une voiture de Betteraves
à une simple soustraction; il donne immédiatement le poids *net à payer*,
depuis le taux de 4 0/0 jusqu'à celui de 30, sur des poids gradués
de 10 kilogrammes, de 410 à 5,200 kilogrammes.

SAINT-QUENTIN
JULES MOUREAU, IMPRIMEUR
GRAND'PLACE.

1876

4

410	394	810	778	1210	1162	1610	1546	2010	1930	2410	2314
420	403	820	787	1220	1171	1620	1555	2020	1339	2420	2323
430	413	830	797	1230	1181	1630	1565	2030	1949	2430	2333
440	422	840	806	1240	1190	1640	1574	2040	1958	2440	2342
450	432	850	816	1250	1200	1650	1584	2050	1968	2450	2352
460	442	860	826	1260	1210	1660	1594	2060	1978	2460	2362
470	451	870	835	1270	1219	1670	1603	2070	1987	2470	2371
480	461	880	845	1280	1229	1680	1613	2080	1997	2480	2381
490	470	890	854	1290	1238	1690	1622	2090	2006	2490	2390
500	480	900	864	1300	1248	1700	1632	2100	2016	2500	2400
510	490	910	874	1310	1558	1710	1642	2110	2026	2510	2410
520	499	920	883	1320	1267	1720	1651	2120	2035	2520	2419
530	509	930	893	1330	1277	1730	1661	2130	2045	2530	2429
540	518	940	902	1340	1286	1740	1670	2140	2054	2540	2438
550	528	950	912	1350	1296	1750	1680	2150	2064	2550	2448
560	538	960	922	1360	1306	1760	1690	2160	2074	2560	2458
570	547	970	931	1370	1315	1770	1699	2170	2083	2570	2467
580	557	980	941	1380	1325	1780	1709	2180	2093	2580	2477
590	566	990	950	1390	1334	1790	1718	2190	2102	2590	2486
600	576	1000	960	1400	1344	1800	1728	2200	2112	2600	3496
610	586	1010	970	1410	1354	1810	1738	2210	2122	2610	2506
620	595	1020	979	1420	1363	1820	1747	2220	2131	2620	2515
630	605	1030	989	1430	1373	1830	1757	2230	2141	2630	2525
640	614	1040	998	1440	1382	1840	1766	2240	2150	2640	2534
650	624	1050	1008	1450	1392	1850	1776	2250	2160	2650	2544
660	634	1060	1018	1460	1402	1860	1786	2260	2170	2660	2554
670	643	1070	1027	1470	1411	1870	1795	2270	2179	2670	3563
680	653	1080	1037	1480	1421	1880	1805	2280	2189	2680	2573
690	662	1090	1046	1490	1430	1890	1814	2290	2198	2690	2582
700	672	1100	1056	1500	1440	1900	1824	2300	2208	2700	2592
710	682	1110	1066	1510	1450	1910	1834	2310	2218	2710	2602
720	691	1120	1075	1520	1459	1920	1843	2320	2227	2720	2611
730	701	1130	1085	1530	1469	1930	1853	2330	2237	2730	2621
740	710	1140	1094	1540	1478	1940	1862	2340	2246	2740	2630
750	720	1150	1104	1550	1488	1950	1872	2350	2256	2750	2640
760	730	1160	1114	1560	1498	1960	1882	2360	2266	2760	2650
770	739	1170	1123	1570	1507	1970	1891	2370	2275	2770	2659
780	749	1180	1133	1580	1517	1980	1901	2380	2285	2780	2669
790	758	1190	1142	1590	1526	1990	1910	2390	2294	2790	2678
800	768	1200	1152	1600	1536	2000	1920	2400	2304	2800	2688

2810	**2698**	3210	**3082**	3610	**3466**	4010	**3850**	4410	**4234**	4810	**4618**
2820	**2707**	3220	**3091**	3620	**3475**	4020	**3859**	4420	**4243**	4820	**4627**
2830	**2717**	3230	**3101**	3630	**3485**	4030	**3869**	4430	**4253**	4830	**4637**
2840	**2726**	3240	**3110**	3640	**3494**	4040	**3878**	4440	**4262**	4840	**4646**
2850	**2736**	3250	**3120**	3650	**3504**	4050	**3888**	4450	**4272**	4850	**4656**
2860	**2746**	3260	**3130**	3660	**3514**	4060	**3898**	4460	**4282**	4860	**4666**
2870	**2755**	3270	**3139**	3670	**3523**	4070	**3907**	4470	**4291**	4870	**4675**
2880	**2765**	3280	**3149**	3680	**3533**	4080	**3917**	4480	**4301**	4880	**4685**
2890	**2774**	3290	**3158**	3690	**3542**	4090	**3926**	4490	**4310**	4890	**4694**
2900	**2784**	3300	**3168**	3700	**3552**	4100	**3936**	4500	**4320**	4900	**4704**
2910	**2794**	3310	**3178**	3710	**3562**	4110	**3946**	4510	**4330**	4910	**4714**
2920	**2803**	3320	**3187**	3720	**3571**	4120	**3955**	4520	**4339**	4920	**4723**
2930	**2813**	3330	**3197**	3730	**3581**	4130	**3965**	4530	**4349**	4930	**4733**
2940	**2822**	3340	**3206**	3740	**3590**	4140	**3974**	4540	**4358**	4940	**4742**
2950	**2832**	3350	**3216**	3750	**3600**	4150	**3984**	4550	**4368**	4950	**4752**
2960	**2842**	3360	**3226**	3760	**3610**	4160	**3994**	4560	**4378**	4960	**4762**
2970	**2851**	3370	**3235**	3770	**3619**	4170	**4003**	4570	**4387**	4970	**4771**
2980	**2861**	3380	**3245**	3780	**3629**	4180	**4013**	4580	**4397**	4980	**4781**
2990	**2870**	3390	**3254**	3790	**3638**	4190	**4022**	4590	**4406**	4990	**4790**
3000	**2880**	3400	**3264**	3800	**3648**	4200	**4032**	4600	**4416**	5000	**4800**
3010	**2890**	3410	**3274**	3810	**3658**	4210	**4042**	4610	**4426**	5010	**4810**
3020	**2899**	3420	**3283**	3820	**3667**	4220	**4051**	4620	**4435**	5020	**4819**
3030	**2909**	3430	**3293**	3830	**3677**	4230	**4061**	4630	**4445**	5030	**4829**
3040	**2918**	3440	**3302**	3840	**3686**	4240	**4070**	4640	**4454**	5040	**4838**
3050	**2928**	3450	**3312**	3850	**3696**	4250	**4080**	4650	**4464**	5050	**4848**
3060	**2938**	3460	**3322**	3860	**3706**	4260	**4090**	4660	**4474**	5060	**4858**
3070	**2947**	3470	**3331**	3870	**3715**	4270	**4099**	4670	**4483**	5070	**4867**
3080	**2957**	3480	**3341**	3880	**3725**	4280	**4109**	4680	**4493**	5080	**4877**
3090	**2966**	3490	**3350**	3890	**3734**	4290	**4118**	4690	**4502**	5090	**4886**
3100	**2976**	3500	**3360**	3900	**3744**	4300	**4128**	4700	**4512**	5100	**4896**
3110	**2986**	3510	**3370**	3910	**3754**	4310	**4138**	4710	**4522**	5110	**4906**
3120	**2995**	3520	**3379**	3920	**3763**	4320	**4147**	4720	**4531**	5120	**4915**
3130	**3005**	3530	**3389**	3930	**3773**	4330	**4157**	4730	**4541**	5130	**4925**
3140	**3014**	3540	**3398**	3940	**3782**	4340	**4166**	4740	**4550**	5140	**4934**
3150	**3024**	3550	**3408**	3950	**3792**	4350	**4176**	4750	**4560**	5150	**4944**
3160	**3034**	3560	**3418**	3960	**3802**	4360	**4186**	4760	**4570**	5160	**4954**
3170	**3043**	3570	**3427**	3970	**3811**	4370	**4195**	4770	**4579**	5170	**4963**
3180	**3053**	3580	**3437**	3980	**3821**	4380	**4205**	4780	**4589**	5180	**4973**
3190	**3062**	3590	**3446**	3990	**3830**	4390	**4214**	4790	**4598**	5190	**4982**
3200	**3072**	3600	**3456**	4000	**3840**	4400	**4224**	4800	**4608**	5200	**4992**

5

410	**389**	810	**769**	1210	**1149**	1610	**1529**	2010	**1909**	2410	**2289**
420	**399**	820	**779**	1220	**1159**	1620	**1539**	2020	**1919**	2420	**2299**
430	**408**	830	**788**	1230	**1168**	1630	**1548**	2030	**1928**	2430	**2308**
440	**418**	840	**798**	1240	**1178**	1640	**1558**	2040	**1938**	2440	**2318**
450	**427**	850	**807**	1250	**1187**	1650	**1567**	2050	**1947**	2450	**2327**
460	**437**	860	**817**	1260	**1197**	1660	**1577**	2060	**1957**	2460	**2337**
470	**446**	870	**826**	1270	**1206**	1670	**1586**	2070	**1966**	2470	**2346**
480	**456**	880	**836**	1280	**1216**	1680	**1596**	2080	**1976**	2480	**2356**
490	**465**	890	**845**	1290	**1225**	1690	**1605**	2090	**1985**	2490	**2365**
500	**475**	900	**855**	1300	**1235**	1700	**1615**	2100	**1995**	2500	**2375**
510	**484**	910	**864**	1310	**1244**	1710	**1624**	2110	**2004**	2510	**2384**
520	**494**	920	**874**	1320	**1254**	1720	**1634**	2120	**2014**	2520	**2394**
530	**503**	930	**883**	1330	**1263**	1730	**1643**	2130	**2023**	2530	**2403**
540	**513**	940	**893**	1340	**1273**	1740	**1653**	2140	**2033**	2540	**2413**
550	**522**	950	**902**	1350	**1282**	1750	**1662**	2150	**2042**	2550	**2422**
560	**532**	960	**912**	1360	**1292**	1760	**1672**	2160	**2052**	2560	**2432**
570	**541**	970	**921**	1370	**1301**	1770	**1681**	2170	**2061**	2570	**2441**
580	**551**	980	**931**	1380	**1311**	1780	**1691**	2180	**2071**	2580	**2451**
590	**560**	990	**940**	1390	**1320**	1790	**1700**	2190	**2080**	2590	**2460**
600	**570**	1000	**950**	1400	**1330**	1800	**1710**	2200	**2090**	2600	**2470**
610	**579**	1010	**959**	1410	**1339**	1810	**1719**	2210	**2099**	2610	**2479**
620	**589**	1020	**969**	1420	**1349**	1820	**1729**	2220	**2109**	2620	**2489**
630	**598**	1030	**978**	1430	**1358**	1830	**1738**	2230	**2118**	2630	**2498**
640	**608**	1040	**988**	1440	**1368**	1840	**1748**	2240	**2128**	2640	**2508**
650	**617**	1050	**997**	1450	**1377**	1850	**1757**	2250	**2137**	2650	**2517**
660	**627**	1060	**1007**	1460	**1387**	1860	**1767**	2260	**2147**	2660	**2527**
670	**636**	1070	**1016**	1470	**1396**	1870	**1776**	2270	**2156**	2670	**2536**
680	**646**	1080	**1026**	1480	**1406**	1880	**1786**	2280	**2166**	2680	**2546**
690	**655**	1090	**1035**	1490	**1415**	1890	**1795**	2290	**2175**	2690	**2555**
700	**665**	1100	**1045**	1500	**1425**	1900	**1805**	2300	**2185**	2700	**2565**
710	**674**	1110	**1054**	1510	**1434**	1910	**1814**	2310	**2194**	2710	**2574**
720	**684**	1120	**1064**	1520	**1444**	1920	**1824**	2320	**2204**	2720	**2584**
730	**693**	1130	**1073**	1530	**1453**	1930	**1833**	2330	**2213**	2730	**2593**
740	**703**	1140	**1083**	1540	**1463**	1940	**1843**	2340	**2223**	2740	**2603**
750	**712**	1150	**1092**	1550	**1472**	1950	**1852**	2350	**2232**	2750	**2612**
760	**722**	1160	**1102**	1560	**1482**	1960	**1862**	2360	**2242**	2760	**2622**
770	**731**	1170	**1111**	1570	**1491**	1970	**1871**	2370	**2251**	2770	**2631**
780	**741**	1180	**1121**	1580	**1501**	1980	**1881**	2380	**2261**	2780	**2641**
790	**750**	1190	**1130**	1590	**1510**	1990	**1890**	2390	**2270**	2790	**2650**
800	**760**	1200	**1140**	1600	**1520**	2000	**1900**	2400	**2280**	2800	**2660**

2810	**2669**	3210	**3049**	3610	**3429**	4010	**3809**	4410	**4189**	4810	**4569**
2820	**2679**	3220	**3059**	3620	**3439**	4020	**3819**	4420	**4199**	4820	**4579**
2830	**2688**	3230	**3068**	3630	**3448**	4030	**3828**	4430	**4208**	4830	**4588**
2840	**2698**	3240	**3078**	3640	**3458**	4040	**3838**	4440	**4218**	4840	**4598**
2850	**2707**	3250	**3087**	3650	**3467**	4050	**3847**	4450	**4227**	4850	**4607**
2860	**2717**	3260	**3097**	3660	**3477**	4060	**3857**	4460	**4237**	4860	**4617**
2870	**2726**	3270	**3106**	3670	**3486**	4070	**3866**	4470	**4246**	4870	**4626**
2880	**2736**	3280	**3116**	3680	**3496**	4080	**3876**	4480	**4256**	4880	**4636**
2890	**2745**	3290	**3125**	3690	**3505**	4090	**3885**	4490	**4265**	4890	**4645**
2900	**2755**	3300	**3135**	3700	**3515**	4100	**3895**	4500	**4275**	4900	**4655**
2910	**2764**	3310	**3144**	3710	**3224**	4110	**3904**	4510	**4284**	4910	**4664**
2920	**2774**	3320	**3154**	3720	**3534**	4120	**3914**	4520	**4294**	4920	**4674**
2930	**2783**	3330	**3163**	3730	**3543**	4130	**3923**	4530	**4303**	4930	**4683**
2940	**2793**	3340	**3173**	3740	**3553**	4140	**3933**	4540	**4313**	4940	**4693**
2950	**2802**	3350	**3182**	3750	**3562**	4150	**3942**	4550	**4322**	4950	**4702**
2960	**2812**	3360	**3192**	3760	**3572**	4160	**3952**	4560	**4332**	4960	**4712**
2970	**2821**	3370	**3201**	3770	**3581**	4170	**3961**	4570	**4341**	4970	**4721**
2980	**2831**	3380	**3211**	3780	**3591**	4180	**3971**	4580	**4351**	4980	**4731**
2990	**2840**	3390	**3220**	3790	**3600**	4190	**3980**	4590	**4360**	4990	**4740**
3000	**2850**	3400	**3230**	3800	**3610**	4200	**3990**	4600	**4370**	5000	**4750**
3010	**2859**	3410	**3239**	3810	**3619**	4210	**3999**	4610	**4379**	5010	**4759**
3020	**2869**	3420	**3249**	3820	**3629**	4220	**4009**	4620	**4389**	5020	**4769**
3030	**2878**	3430	**3258**	3830	**3638**	4230	**4018**	4630	**4398**	5030	**4778**
3040	**2888**	3440	**3268**	3840	**3648**	4240	**4028**	4640	**4408**	5040	**4788**
3050	**2897**	3450	**3277**	3850	**3657**	4250	**4037**	4650	**4417**	5050	**4797**
3060	**2907**	3460	**3287**	3860	**3667**	4260	**4047**	4660	**4427**	5060	**4807**
3070	**2916**	3470	**3296**	3870	**3676**	4270	**4056**	4670	**4436**	5070	**4816**
3080	**2926**	3480	**3306**	3880	**3686**	4280	**4066**	4680	**4446**	5080	**4826**
3090	**2935**	3490	**3315**	3890	**3695**	4290	**4075**	4690	**4455**	5090	**4835**
3100	**2945**	3500	**3325**	3900	**3705**	4300	**4085**	4700	**4465**	5100	**4845**
3110	**2954**	3510	**3334**	3910	**3714**	4310	**4094**	4710	**4474**	5110	**4854**
3120	**2964**	3520	**3344**	3920	**3724**	4320	**4104**	4720	**4484**	5120	**4864**
3130	**2973**	3530	**3353**	3930	**3733**	4330	**4113**	4730	**4493**	5130	**4873**
3140	**2983**	3540	**3363**	3940	**3743**	4340	**4123**	4740	**4503**	5140	**4883**
3150	**2992**	3550	**3372**	3950	**3752**	4350	**4132**	4750	**4512**	5150	**4892**
3160	**3002**	3560	**3382**	3960	**3762**	4360	**4142**	4760	**4522**	5160	**4902**
3170	**3011**	3570	**3391**	3970	**3771**	4370	**4151**	4770	**4531**	5170	**4911**
3180	**3021**	3580	**3401**	3980	**3781**	4380	**4161**	4780	**4541**	5180	**4921**
3190	**3030**	3590	**3410**	3990	**3790**	4390	**4170**	4790	**4550**	5190	**4930**
3200	**3040**	3600	**3420**	4000	**3800**	4400	**4180**	4800	**4560**	5200	**4940**

6

410	**385**	810	**761**	1210	**1137**	1610	**1513**	2010	**1889**	2410	**2265**
420	**395**	820	**771**	1220	**1147**	1620	**1523**	2020	**1899**	2420	**2275**
430	**404**	830	**780**	1230	**1156**	1630	**1532**	2030	**1908**	2430	**2284**
440	**414**	840	**790**	1240	**1166**	1640	**1542**	2040	**1918**	2440	**2294**
450	**423**	850	**799**	1250	**1175**	1650	**1551**	2050	**1927**	2450	**2303**
460	**432**	860	**808**	1260	**1184**	1660	**1560**	2060	**1936**	2460	**2312**
470	**442**	870	**818**	1270	**1194**	1670	**1570**	2070	**1946**	2470	**2322**
480	**451**	880	**827**	1280	**1203**	1680	**1579**	2080	**1955**	2480	**2331**
490	**461**	890	**837**	1290	**1213**	1690	**1589**	2090	**1965**	2490	**2341**
500	**470**	900	**846**	1300	**1222**	1700	**1598**	2100	**1974**	2500	**2350**
510	**479**	910	**855**	1310	**1231**	1710	**1607**	2110	**1983**	2510	**2359**
520	**489**	920	**865**	1320	**1241**	1720	**1617**	2120	**1993**	2520	**2369**
530	**498**	930	**874**	1330	**1250**	1730	**1626**	2130	**2002**	2530	**2378**
540	**508**	940	**884**	1340	**1260**	1740	**1636**	2140	**2012**	2540	**2388**
550	**517**	950	**893**	1350	**1269**	1750	**1645**	2150	**2021**	2550	**2397**
560	**526**	960	**902**	1360	**1278**	1760	**1654**	2160	**2030**	2560	**2406**
570	**536**	970	**912**	1370	**1288**	1770	**1664**	2170	**2040**	2570	**2416**
580	**545**	980	**921**	1380	**1297**	1780	**1673**	2180	**2049**	2580	**2425**
590	**555**	990	**931**	1390	**1307**	1790	**1683**	2190	**2059**	2590	**2435**
600	**564**	1000	**940**	1400	**1316**	1800	**1692**	2200	**2068**	2600	**2444**
610	**573**	1010	**949**	1410	**1325**	1810	**1701**	2210	**2077**	2610	**2453**
620	**583**	1020	**959**	1420	**1335**	1820	**1711**	2220	**2087**	2620	**2463**
630	**592**	1030	**968**	1430	**1344**	1830	**1720**	2230	**2096**	2630	**2472**
640	**602**	1040	**978**	1440	**1354**	1840	**1730**	2240	**2106**	2640	**2482**
650	**611**	1050	**987**	1450	**1363**	1850	**1739**	2250	**2115**	2650	**2491**
660	**620**	1060	**996**	1460	**1372**	1860	**1748**	2260	**2124**	2660	**2500**
670	**630**	1070	**1006**	1470	**1382**	1870	**1758**	2270	**2134**	2670	**2510**
680	**639**	1080	**1015**	1480	**1391**	1880	**1767**	2280	**2143**	2680	**2519**
690	**649**	1090	**1025**	1490	**1401**	1890	**1777**	2290	**2153**	2690	**2529**
700	**658**	1100	**1034**	1500	**1410**	1900	**1786**	2300	**2162**	2700	**2538**
710	**667**	1110	**1043**	1510	**1419**	1910	**1795**	2310	**2171**	2710	**2547**
720	**677**	1120	**1053**	1520	**1429**	1920	**1805**	2320	**2181**	2720	**2557**
730	**686**	1130	**1062**	1530	**1438**	1930	**1814**	2330	**2190**	2730	**2566**
740	**696**	1140	**1072**	1540	**1448**	1940	**1824**	2340	**2200**	2740	**2576**
750	**705**	1150	**1081**	1550	**1457**	1950	**1833**	2350	**2209**	2750	**2585**
760	**714**	1160	**1090**	1560	**1466**	1960	**1842**	2360	**2218**	2760	**2594**
770	**724**	1170	**1100**	1570	**1476**	1970	**1852**	2370	**2228**	2770	**2604**
780	**733**	1180	**1109**	1580	**1485**	1980	**1861**	2380	**2237**	2780	**2613**
790	**743**	1190	**1119**	1590	**1495**	1990	**1871**	2390	**2247**	2790	**2623**
800	**752**	1200	**1128**	1600	**1504**	2000	**1880**	2400	**2256**	2800	**2632**

2810	**2641**	3210	**3017**	3610	**3393**	4010	**3769**	4410	**4145**	4810	**4521**
2820	**2651**	3220	**3027**	3620	**3403**	4020	**3779**	4420	**4155**	4820	**4531**
2830	**2660**	3230	**3036**	3630	**3412**	4030	**3788**	4430	**4164**	4830	**4540**
2840	**2670**	3240	**3046**	3640	**3422**	4040	**3798**	4440	**4174**	4840	**4550**
2850	**2679**	3250	**3055**	3650	**3431**	4050	**3807**	4450	**4183**	4850	**4559**
2860	**2688**	3260	**3064**	3660	**3440**	4060	**3816**	4460	**4192**	4860	**4568**
2870	**2698**	3270	**3074**	3670	**3450**	4070	**3826**	4470	**4202**	4870	**4578**
2880	**2707**	3280	**3083**	3680	**3459**	4080	**3835**	4480	**4211**	4880	**4587**
2890	**2717**	3290	**3093**	3690	**3469**	4090	**3845**	4490	**4221**	4890	**4597**
2900	**2726**	3300	**3102**	3700	**3478**	4100	**3854**	4500	**4230**	4900	**4606**
2910	**2735**	3310	**3111**	3710	**3487**	4110	**3863**	4510	**4239**	4910	**4615**
2920	**2745**	3320	**3121**	3720	**3497**	4120	**3873**	4520	**4249**	4920	**4625**
2930	**2754**	3330	**3130**	3730	**3506**	4130	**3882**	4530	**4258**	4930	**4634**
2940	**2764**	3340	**3140**	3740	**3516**	4140	**3892**	4540	**4268**	4940	**4644**
2950	**2773**	3350	**3149**	3750	**3525**	4150	**3901**	4550	**4277**	4950	**4653**
2960	**2782**	3360	**3158**	3760	**3534**	4160	**3910**	4560	**4286**	4960	**4662**
2970	**2792**	3370	**3168**	3770	**3544**	4170	**3920**	4570	**4296**	4970	**4672**
2980	**2801**	3380	**3177**	3780	**3553**	4180	**3929**	4580	**4305**	4980	**4681**
2990	**2811**	3390	**3187**	3790	**3563**	4190	**3939**	4590	**4315**	4990	**4691**
3000	**2820**	3400	**3196**	3800	**3572**	4200	**3948**	4600	**4324**	5000	**4700**
3010	**2829**	3410	**3205**	3810	**3581**	4210	**3957**	4610	**4333**	5010	**4709**
3020	**2839**	3420	**3215**	3820	**3591**	4220	**3967**	4620	**4343**	5020	**4719**
3030	**2848**	3430	**3224**	3830	**3600**	4230	**3976**	4630	**4352**	5030	**4728**
3040	**2858**	3440	**3234**	3840	**3610**	4240	**3986**	4640	**4362**	5040	**4738**
3050	**2867**	3450	**3243**	3850	**3619**	4250	**3995**	4650	**4371**	5050	**4747**
3060	**2876**	3460	**3252**	3860	**3628**	4260	**4004**	4660	**4380**	5060	**4756**
3070	**2886**	3470	**3262**	3870	**3638**	4270	**4014**	4670	**4390**	5070	**4766**
3080	**2895**	3480	**3271**	3880	**3647**	4280	**4023**	4680	**4399**	5080	**4775**
3090	**2905**	3490	**3281**	3890	**3657**	4290	**4033**	4690	**4409**	5090	**4785**
3100	**2914**	3500	**3290**	3900	**3666**	4300	**4042**	4700	**4418**	5100	**4794**
3110	**2923**	3510	**3299**	3910	**3675**	4310	**4051**	4710	**4427**	5110	**4803**
3120	**2933**	3520	**3309**	3920	**3685**	4320	**4061**	4720	**4437**	5120	**4813**
3130	**2942**	3530	**3318**	3930	**3694**	4330	**4070**	4730	**4446**	5130	**4822**
3140	**2952**	3540	**3328**	3940	**3704**	4340	**4080**	4740	**4456**	5140	**4832**
3150	**2961**	3550	**3337**	3950	**3713**	4350	**4089**	4750	**4465**	5150	**4841**
3160	**2970**	3560	**3346**	3960	**3722**	4360	**4098**	4760	**4474**	5160	**4850**
3170	**2980**	3570	**3356**	3970	**3732**	4370	**4108**	4770	**4484**	5170	**4860**
3180	**2989**	3580	**3365**	3980	**3741**	4380	**4117**	4780	**4493**	5180	**4869**
3190	**2999**	3590	**3375**	3990	**3751**	4390	**4127**	4790	**4503**	5190	**4879**
3200	**3008**	3600	**3384**	4000	**3760**	4400	**4136**	4800	**4512**	5200	**4888**

7

410	**381**	810	**753**	1210	**1125**	1610	**1497**	2010	**1869**	2410	**2241**
420	**391**	820	**763**	1220	**1135**	1620	**1507**	2020	**1879**	2420	**2251**
430	**400**	830	**772**	1230	**1144**	1630	**1516**	2030	**1888**	2430	**2260**
440	**409**	840	**781**	1240	**1153**	1640	**1525**	2040	**1897**	2440	**2269**
450	**418**	850	**790**	1250	**1162**	1650	**1534**	2050	**1906**	2450	**2278**
460	**428**	860	**800**	1260	**1172**	1660	**1544**	2060	**1916**	2460	**2288**
470	**437**	870	**809**	1270	**1181**	1670	**1553**	2070	**1925**	2470	**2297**
480	**446**	880	**818**	1280	**1190**	1680	**1562**	2080	**1934**	2480	**2306**
490	**456**	890	**828**	1290	**1200**	1690	**1572**	2090	**1944**	2490	**2316**
500	**465**	900	**837**	1300	**1209**	1700	**1581**	2100	**1953**	2500	**2325**
510	**474**	910	**846**	1310	**1218**	1710	**1590**	2110	**1962**	2510	**2334**
520	**484**	920	**856**	1320	**1228**	1720	**1600**	2120	**1972**	2520	**2344**
530	**493**	930	**865**	1330	**1237**	1730	**1609**	2130	**1981**	2530	**2353**
540	**502**	940	**874**	1340	**1246**	1740	**1618**	2140	**1990**	2540	**2362**
550	**511**	950	**883**	1350	**1255**	1750	**1627**	2150	**1999**	2550	**2371**
560	**521**	960	**893**	1360	**1265**	1760	**1637**	2160	**2009**	2560	**2381**
570	**530**	970	**902**	1370	**1274**	1770	**1646**	2170	**2018**	2570	**2390**
580	**539**	980	**911**	1380	**1283**	1780	**1655**	2180	**2027**	2580	**2399**
590	**549**	990	**921**	1390	**1293**	1790	**1665**	2190	**2037**	2590	**2409**
600	**558**	1000	**930**	1400	**1302**	1800	**1674**	2200	**2046**	2600	**2418**
610	**567**	1010	**939**	1410	**1311**	1810	**1683**	2210	**2055**	2610	**2427**
620	**577**	1020	**949**	1420	**1321**	1820	**1693**	2220	**2065**	2620	**2437**
630	**586**	1030	**958**	1430	**1330**	1830	**1702**	2230	**2074**	2630	**2446**
640	**595**	1040	**967**	1440	**1339**	1840	**1711**	2240	**2083**	2640	**2455**
650	**604**	1050	**976**	1450	**1348**	1850	**1720**	2250	**2092**	2650	**2464**
660	**614**	1060	**986**	1460	**1358**	1860	**1730**	2260	**2102**	2660	**2474**
670	**623**	1070	**995**	1470	**1367**	1870	**1739**	2270	**2111**	2670	**2483**
680	**632**	1080	**1004**	1480	**1376**	1880	**1748**	2280	**2120**	2680	**2492**
690	**642**	1090	**1014**	1490	**1386**	1890	**1758**	2290	**2130**	2690	**2502**
700	**651**	1100	**1023**	1500	**1395**	1900	**1767**	2300	**2139**	2700	**2511**
710	**660**	1110	**1032**	1510	**1404**	1910	**1776**	2310	**2148**	2710	**2520**
720	**670**	1120	**1042**	1520	**1414**	1920	**1786**	2320	**2158**	2720	**2530**
730	**679**	1130	**1051**	1530	**1423**	1930	**1795**	2330	**2167**	2730	**2539**
740	**688**	1140	**1060**	1540	**1432**	1940	**1804**	2340	**2176**	2740	**2548**
750	**697**	1150	**1069**	1550	**1441**	1950	**1813**	2350	**2185**	2750	**2557**
760	**707**	1160	**1079**	1560	**1451**	1960	**1823**	2360	**2195**	2760	**2567**
770	**716**	1170	**1088**	1570	**1460**	1970	**1832**	2370	**2204**	2770	**2576**
780	**725**	1180	**1097**	1580	**1469**	1980	**1841**	2380	**2213**	2780	**2585**
790	**735**	1190	**1107**	1590	**1479**	1990	**1851**	2390	**2223**	2790	**2595**
800	**744**	1200	**1116**	1600	**1488**	2000	**1860**	2400	**2232**	2800	**2604**

2810	2613	3210	2985	3610	3357	4010	3729	4410	4101	4810	4473
2820	2623	3220	2995	3620	3367	4020	3739	4420	4111	4820	4483
2830	2632	3230	3004	3630	3376	4030	3748	4430	4120	4830	4492
2840	2641	3240	3013	3640	3385	4040	3757	4440	4129	4840	4501
2850	2650	3250	3022	3650	3394	4050	3766	4450	4138	4850	4510
2860	2660	3260	3032	3660	3404	4060	3776	4460	4148	4860	4520
2870	2669	3270	3041	3670	3413	4070	3785	4470	4157	4870	4529
2880	2678	3280	3050	3680	3422	4080	3794	4480	4166	4880	4538
2890	2688	3290	3060	3690	3432	4090	3804	4490	4176	4890	4548
2900	2697	3300	3069	3700	3441	4100	3813	4500	4185	4900	4557
2910	2706	3310	3078	3710	3450	4110	3822	4510	4194	4910	4566
2920	2716	3320	3088	3720	3460	4120	3832	4520	4204	4920	4576
2930	2725	3330	3097	3730	3469	4130	3841	4530	4213	4930	4585
2940	2734	3340	3106	3740	3478	4140	3850	4540	4222	4940	4594
2950	2743	3350	3115	3750	3487	4150	3859	4550	4231	4950	4603
2960	2753	3360	3125	3760	3497	4160	3869	4560	4241	4960	4613
2970	2762	3370	3134	3770	3506	4170	3878	4570	4250	4970	4622
2980	2771	3380	3143	3780	3515	4180	3887	4580	4259	4980	4631
2990	2781	3390	3153	3790	3525	4190	3897	4590	4269	4990	4641
3000	2790	3400	3162	3800	3534	4200	3906	4600	4278	5000	4650
3010	2799	3410	3171	3810	3543	4210	3915	4610	4287	5010	4659
3020	2809	3420	3181	3820	3553	4220	3925	4620	4297	5020	4669
3030	2818	3430	3190	3830	3562	4230	3934	4630	4306	5030	4678
3040	2827	3440	3199	3840	3571	4240	3943	4640	4315	5040	4687
3050	2836	3450	3208	3850	3580	4250	3952	4650	4324	5050	4696
3060	2846	3460	3218	3860	3590	4260	3962	4660	4334	5060	4706
3070	2855	3470	3227	3870	3599	4270	3971	4670	4343	5070	4715
3080	2864	3480	3236	3880	3608	4280	3980	4680	4352	5080	4724
3090	2874	3490	3246	3890	3618	4290	3990	4690	4362	5090	4734
3100	2883	3500	3255	3900	3627	4300	3999	4700	4371	5100	4743
3110	2892	3510	3264	3910	3636	4310	4008	4710	4380	5110	4752
3120	2902	3520	3274	3920	3646	4320	4018	4720	4390	5120	4762
3130	2911	3530	3283	3930	3655	4330	4027	4730	4399	5130	4771
3140	2920	3540	3292	3940	3664	4340	4036	4740	4408	5140	4780
3150	2929	3550	3301	3950	3673	4350	4045	4750	4417	5150	4789
3160	2939	3560	3311	3960	3683	4360	4055	4760	4427	5160	4799
3170	2948	3570	3320	3970	3692	4370	4064	4770	4436	5170	4808
3180	2957	3580	3329	3980	3701	4380	4073	4780	4445	5180	4817
3190	2967	3590	3339	3990	3711	4390	4083	4790	4455	5190	4827
3200	2976	3600	3348	4000	3720	4400	4092	4800	4464	5200	4836

7

8

9

10

8

410	**377**	810	**745**	1210	**1113**	1610	**1481**	2010	**1849**	2410	**2217**
420	**386**	820	**754**	1220	**1122**	1620	**1490**	2020	**1858**	2420	**2226**
430	**396**	830	**764**	1230	**1132**	1630	**1500**	2030	**1868**	2430	**2236**
440	**405**	840	**773**	1240	**1141**	1640	**1509**	2040	**1877**	2440	**2245**
450	**414**	850	**782**	1250	**1150**	1650	**1518**	2050	**1886**	2450	**2254**
460	**423**	860	**791**	1260	**1159**	1660	**1527**	2060	**1895**	2460	**2263**
470	**432**	870	**800**	1270	**1168**	1670	**1536**	2070	**1904**	2470	**2272**
480	**442**	880	**810**	1280	**1178**	1680	**1546**	2080	**1914**	2480	**2282**
490	**451**	890	**819**	1290	**1187**	1690	**1555**	2090	**1923**	2490	**2291**
500	**460**	900	**828**	1300	**1196**	1700	**1564**	2100	**1932**	2500	**2300**
510	**469**	910	**837**	1310	**1205**	1710	**1573**	2110	**1941**	2510	**2309**
520	**478**	920	**846**	1320	**1214**	1720	**1582**	2120	**1950**	2520	**2318**
530	**488**	930	**856**	1330	**1224**	1730	**1592**	2130	**1960**	2530	**2328**
540	**497**	940	**865**	1340	**1233**	1740	**1601**	2140	**1969**	2540	**2337**
550	**506**	950	**874**	1350	**1242**	1750	**1610**	2150	**1978**	2550	**2346**
560	**515**	960	**883**	1360	**1251**	1760	**1619**	2160	**1987**	2560	**2355**
570	**524**	970	**892**	1370	**1260**	1770	**1628**	2170	**1996**	2570	**2364**
580	**534**	980	**902**	1380	**1270**	1780	**1638**	2180	**2006**	2580	**2374**
590	**543**	990	**911**	1390	**1279**	1790	**1647**	2190	**2015**	2590	**2383**
600	**552**	1000	**920**	1400	**1288**	1800	**1656**	2200	**2024**	2600	**2392**
610	**561**	1010	**929**	1410	**1297**	1810	**1665**	2210	**2033**	2610	**2401**
620	**570**	1020	**938**	1420	**1306**	1820	**1674**	2220	**2042**	2620	**2410**
630	**580**	1030	**948**	1430	**1316**	1830	**1684**	2230	**2052**	2630	**2420**
640	**589**	1040	**957**	1440	**1325**	1840	**1693**	2240	**2061**	2640	**2429**
650	**598**	1050	**966**	1450	**1334**	1850	**1702**	2250	**2070**	2650	**2438**
660	**607**	1060	**975**	1460	**1343**	1860	**1711**	2260	**2079**	2660	**2447**
670	**616**	1070	**984**	1470	**1352**	1870	**1720**	2270	**2088**	2670	**2456**
680	**626**	1080	**994**	1480	**1362**	1880	**1730**	2280	**2098**	2680	**2466**
690	**635**	1090	**1003**	1490	**1371**	1890	**1739**	2290	**2107**	2690	**2475**
700	**644**	1100	**1012**	1500	**1380**	1900	**1748**	2300	**2116**	2700	**2484**
710	**653**	1110	**1021**	1510	**1389**	1910	**1757**	2310	**2125**	2710	**2493**
720	**662**	1120	**1030**	1520	**1398**	1920	**1766**	2320	**2134**	2720	**2502**
730	**672**	1130	**1040**	1530	**1408**	1930	**1776**	2330	**2144**	2730	**2512**
740	**681**	1140	**1049**	1540	**1417**	1940	**1785**	2340	**2153**	2740	**2521**
750	**690**	1150	**1058**	1550	**1426**	1950	**1794**	2350	**2162**	2750	**2530**
760	**699**	1160	**1067**	1560	**1435**	1960	**1803**	2360	**2171**	2760	**2539**
770	**708**	1170	**1076**	1570	**1444**	1970	**1812**	2370	**2180**	2770	**2548**
780	**718**	1180	**1086**	1580	**1454**	1980	**1822**	2380	**2190**	2780	**2558**
790	**727**	1190	**1095**	1590	**1463**	1990	**1831**	2390	**2199**	2790	**2567**
800	**736**	1200	**1104**	1600	**1472**	2000	**1840**	2400	**2208**	2800	**2576**

2810	2585	3210	2953	3610	3321	4010	3689	4410	4057	4810	4425
2820	2594	3220	2962	3620	3330	4020	3698	4420	4066	4820	4434
2830	2604	3230	2972	3630	3340	4030	3708	4430	4076	4830	4444
2840	2613	3240	2981	3640	3349	4040	3717	4440	4085	4840	4453
2850	2622	3250	2990	3650	3358	4050	3726	4450	4094	4850	4462
2860	2631	3260	2999	3660	3367	4060	3735	4460	4103	4860	4471
2870	2640	3270	3008	3670	3376	4070	3744	4470	4112	4870	4480
2880	2650	3280	3018	3680	3386	4080	3754	4480	4122	4880	4490
2890	2659	3290	3027	3690	3395	4090	3763	4490	4131	4890	4499
2900	2668	3300	3036	3700	3404	4100	3772	4500	4140	4900	4508
2910	2677	3310	3045	3710	3413	4110	3781	4510	4149	4910	4517
2920	2686	3320	3054	3720	3422	4120	3790	4520	4158	4920	4526
2930	2696	3330	3064	3730	3432	4130	3800	4530	4168	4930	4536
2940	2705	3340	3073	3740	3441	4140	3809	4540	4177	4940	4545
2950	2714	3350	3082	3750	3450	4150	3818	4550	4186	4950	4554
2960	2723	3360	3091	3760	3459	4160	3827	4560	4195	4960	4563
2970	2732	3370	3100	3770	3468	4170	3836	4570	4204	4970	4572
2980	2742	3380	3110	3780	3478	4180	3846	4580	4214	4980	4582
2990	2751	3390	3119	3790	3487	4190	3855	4590	4223	4990	4591
3000	2760	3400	3128	3800	3496	4200	3864	4600	4232	5000	4600
3010	2769	3410	3137	3810	3505	4210	3873	4610	4241	5010	4609
3020	2778	3420	3146	3820	3514	4220	3882	4620	4250	5020	4618
3030	2788	3430	3156	3830	3524	4230	3892	4630	4260	5030	4628
3040	2797	3440	3165	3840	3533	4240	3901	4640	4269	5040	4637
3050	2806	3450	3174	3850	3542	4250	3910	4650	4278	5050	4646
3060	2815	3460	3183	3860	3551	4260	3919	4660	4287	5060	4655
3070	2824	3470	3192	3870	3560	4270	3928	4670	4296	5070	4664
3080	2834	3480	3202	3880	3570	4280	3938	4680	4306	5080	4674
3090	2843	3490	3211	3890	3579	4290	3947	4690	4315	5090	4683
3100	2852	3500	3220	3900	3588	4300	3956	4700	4324	5100	4692
3110	2861	3510	3229	3910	3597	4310	3965	4710	4333	5110	4701
3120	2870	3520	3238	3920	3606	4320	3974	4720	4342	5120	4710
3130	2880	3530	3248	3930	3616	4330	3984	4730	4352	5130	4720
3140	2889	3540	3257	3940	3625	4340	3993	4740	4361	5140	4729
3150	2898	3550	3266	3950	3634	4350	4002	4750	4370	5150	4738
3160	2907	3560	3275	3960	3643	4360	4011	4760	4379	5160	4747
3170	2916	3570	3284	3970	3652	4370	4020	4770	4388	5170	4756
3180	2926	3580	3294	3980	3662	4380	4030	4780	4398	5180	4766
3190	2935	3590	3303	3990	3671	4390	4039	4790	4407	5190	4775
3200	2944	3600	3312	4000	3680	4400	4048	4800	4416	5200	4784

9

410	373	810	737	1210	1101	1610	1465	2010	1829	2410	2193
420	382	820	746	1220	1110	1620	1474	2020	1838	2420	2202
430	391	830	755	1230	1119	1630	1483	2030	1847	2430	2211
440	400	840	764	1240	1128	1640	1492	2040	1856	2440	2220
450	409	850	773	1250	1137	1650	1501	2050	1865	2450	2229
460	419	860	783	1260	1147	1660	1511	2060	1875	2460	2239
470	428	870	792	1270	1156	1670	1520	2070	1884	2470	2248
480	437	880	801	1280	1165	1680	1529	2080	1893	2480	2257
490	446	890	810	1290	1174	1690	1538	2090	1902	2490	2266
500	455	900	819	1300	1183	1700	1547	2100	1911	2500	2275
510	464	910	828	1310	1192	1710	1556	2110	1920	2510	2284
520	473	920	837	1320	1201	1720	1565	2120	1929	2520	2293
530	482	930	846	1330	1210	1730	1574	2130	1938	2530	2302
540	491	940	855	1340	1219	1740	1583	2140	1947	2540	2311
550	500	950	864	1350	1228	1750	1592	2150	1956	2550	2320
560	510	960	874	1360	1238	1760	1602	2160	1966	2560	2330
570	519	970	883	1370	1247	1770	1611	2170	1975	2570	2339
580	528	980	892	1380	1256	1780	1620	2180	1984	2580	2348
590	537	990	901	1390	1265	1790	1629	2190	1993	2590	2357
600	546	1000	910	1400	1274	1800	1638	2200	2002	2600	2366
610	555	1010	919	1410	1283	1810	1647	2210	2011	2610	2375
620	564	1020	928	1420	1292	1820	1656	2220	2020	2620	2384
630	573	1030	937	1430	1301	1830	1665	2230	2029	2630	2393
640	582	1040	946	1440	1310	1840	1674	2240	2038	2640	2402
650	591	1050	955	1450	1319	1850	1683	2250	2047	2650	2411
660	601	1060	965	1460	1329	1860	1693	2260	2057	2660	2421
670	610	1070	974	1470	1338	1870	1702	2270	2066	2670	2430
680	619	1080	983	1480	1347	1880	1711	2280	2075	2680	2439
690	628	1090	992	1490	1356	1890	1720	2290	2084	2690	2448
700	637	1100	1001	1500	1365	1900	1729	2300	2093	2700	2457
710	646	1110	1010	1510	1374	1910	1738	2310	2102	2710	2466
720	655	1120	1019	1520	1383	1920	1747	2320	2111	2720	2475
730	664	1130	1028	1530	1392	1930	1756	2330	2120	2730	2484
740	673	1140	1037	1540	1401	1940	1765	2340	2129	2740	2493
750	682	1150	1046	1550	1410	1950	1774	2350	2138	2750	2502
760	692	1160	1056	1560	1420	1960	1784	2360	2148	2760	2512
770	701	1170	1065	1570	1429	1970	1793	2370	2157	2770	2521
780	710	1180	1074	1580	1438	1980	1802	2380	2166	2780	2530
790	719	1190	1083	1590	1447	1990	1811	2390	2175	2790	2539
800	728	1200	1092	1600	1456	2000	1820	2400	2184	2800	2548

2810	**2557**	3210	**2921**	3610	**3285**	4010	**3649**	4410	**4013**	4810	**4377**
2820	**2566**	3220	**2930**	3620	**3294**	4020	**3658**	4420	**4022**	4820	**4386**
2830	**2575**	3230	**2939**	3630	**3303**	4030	**3667**	4430	**4031**	4830	**4395**
2840	**2584**	3240	**2948**	3640	**3312**	4040	**3676**	4440	**4040**	4840	**4404**
2850	**2593**	3250	**2957**	3650	**3321**	4050	**3685**	4450	**4049**	4850	**4413**
2860	**2603**	3260	**2967**	3660	**3331**	4060	**3695**	4460	**4059**	4860	**4423**
2870	**2612**	3270	**2976**	3670	**3340**	4070	**3704**	4470	**4068**	4870	**4432**
2880	**2621**	3280	**2985**	3680	**3349**	4080	**3713**	4480	**4077**	4880	**4441**
2890	**2630**	3290	**2994**	3690	**3358**	4090	**3722**	4490	**4086**	4890	**4450**
2900	**2639**	3300	**3003**	3700	**3367**	4100	**3731**	4500	**4095**	4900	**4459**
2910	**2648**	3310	**3012**	3710	**3376**	4110	**3740**	4510	**4104**	4910	**4468**
2920	**2657**	3320	**3021**	3720	**3385**	4120	**3749**	4520	**4113**	4920	**4477**
2930	**2666**	3330	**3030**	3730	**3394**	4130	**3758**	4530	**4122**	4930	**4486**
2940	**2675**	3340	**3039**	3740	**3403**	4140	**3767**	4540	**4131**	4940	**4495**
2950	**2684**	3350	**3048**	3750	**3412**	4150	**3776**	4550	**4140**	4950	**4504**
2960	**2694**	3360	**3058**	3760	**3422**	4160	**3786**	4560	**4150**	4960	**4514**
2970	**2703**	3370	**3067**	3770	**3431**	4170	**3795**	4570	**4159**	4970	**4523**
2980	**2712**	3380	**3076**	3780	**3440**	4180	**3804**	4580	**4168**	4980	**4532**
2990	**2721**	3390	**3085**	3790	**3449**	4190	**3813**	4590	**4177**	4990	**4541**
3000	**2730**	3400	**3094**	3800	**3458**	4200	**3822**	4600	**4186**	5000	**4550**
3010	**2739**	3410	**3103**	3810	**3467**	4210	**3831**	4610	**4195**	5010	**4559**
3020	**2748**	3420	**3112**	3820	**3476**	4220	**3840**	4620	**4204**	5020	**4568**
3030	**2757**	3430	**3121**	3830	**3485**	4230	**3849**	4630	**4213**	5030	**4577**
3040	**2766**	3440	**3130**	3840	**3494**	4240	**3858**	4640	**4222**	5040	**4586**
3050	**2775**	3450	**3139**	3850	**3503**	4250	**3867**	4650	**4231**	5050	**4595**
3060	**2785**	3460	**3149**	3860	**3513**	4260	**3877**	4660	**4241**	5060	**4605**
3070	**2794**	3470	**3158**	3870	**3522**	4270	**3886**	4670	**4250**	5070	**4614**
3080	**2803**	3480	**3167**	3880	**3531**	4280	**3895**	4680	**4259**	5080	**4623**
3090	**2812**	3490	**3176**	3890	**3540**	4290	**3904**	4690	**4268**	5090	**4632**
3100	**2821**	3500	**3185**	3900	**3549**	4300	**3913**	4700	**4277**	5100	**4641**
3110	**2830**	3510	**3194**	3910	**3558**	4310	**3922**	4710	**4286**	5110	**4650**
3120	**2839**	3520	**3203**	3920	**3567**	4320	**3931**	4720	**4295**	5120	**4659**
3130	**2848**	3530	**3212**	3930	**3576**	4330	**3940**	4730	**4304**	5130	**4668**
3140	**2857**	3540	**3221**	3940	**3585**	4340	**3949**	4740	**4313**	5140	**4677**
3150	**2866**	3550	**3230**	3950	**3594**	4350	**3958**	4750	**4322**	5150	**4686**
3160	**2876**	3560	**3240**	3960	**3604**	4360	**3968**	4760	**4332**	5160	**4696**
3170	**2885**	3570	**3249**	3970	**3613**	4370	**3977**	4770	**4341**	5170	**4705**
3180	**2894**	3580	**3258**	3980	**3622**	4380	**3986**	4780	**4350**	5180	**4714**
3190	**2903**	3590	**3267**	3990	**3631**	4390	**3995**	4790	**4359**	5190	**4723**
3200	**2912**	3600	**3276**	4000	**3640**	4400	**4004**	4800	**4368**	5200	**4732**

10

410	**369**	810	**729**	1210	**1089**	1610	**1449**	2010	**1809**	2410	**2169**
420	**378**	820	**738**	1220	**1098**	1620	**1458**	2020	**1818**	2420	**2178**
430	**387**	830	**747**	1230	**1107**	1630	**1467**	2030	**1827**	2430	**2187**
440	**396**	840	**756**	1240	**1116**	1640	**1476**	2040	**1836**	2440	**2196**
450	**405**	850	**765**	1250	**1125**	1650	**1485**	2050	**1845**	2450	**2205**
460	**414**	860	**774**	1260	**1134**	1660	**1494**	2060	**1854**	2460	**2214**
470	**423**	870	**783**	1270	**1143**	1670	**1503**	2070	**1863**	2470	**2223**
480	**432**	880	**792**	1280	**1152**	1680	**1512**	2080	**1872**	2480	**2232**
490	**441**	890	**801**	1290	**1161**	1690	**1521**	2090	**1881**	2490	**2241**
500	**450**	900	**810**	1300	**1170**	1700	**1530**	2100	**1890**	2500	**2250**
510	**459**	910	**819**	1310	**1179**	1710	**1539**	2110	**1899**	2510	**2259**
520	**468**	920	**828**	1320	**1188**	1720	**1548**	2120	**1908**	2520	**2268**
530	**477**	930	**837**	1330	**1197**	1730	**1557**	2130	**1917**	2530	**2277**
540	**486**	940	**846**	1340	**1206**	1740	**1566**	2140	**1926**	2540	**2286**
550	**495**	950	**855**	1350	**1215**	1750	**1575**	2150	**1935**	2550	**2295**
560	**504**	960	**864**	1360	**1224**	1760	**1584**	2160	**1944**	2560	**2304**
570	**513**	970	**873**	1370	**1233**	1770	**1593**	2170	**1953**	2570	**2313**
580	**522**	980	**882**	1380	**1242**	1780	**1602**	2180	**1962**	2580	**2322**
590	**531**	990	**891**	1390	**1251**	1790	**1611**	2190	**1971**	2590	**2331**
600	**540**	1000	**900**	1400	**1260**	1800	**1620**	2200	**1980**	2600	**2340**
610	**549**	1010	**909**	1410	**1269**	1810	**1629**	2210	**1989**	2610	**2349**
620	**558**	1020	**918**	1420	**1278**	1820	**1638**	2220	**1998**	2620	**2358**
630	**567**	1030	**927**	1430	**1287**	1830	**1647**	2230	**2007**	2630	**2367**
640	**576**	1040	**936**	1440	**1296**	1840	**1656**	2240	**2016**	2640	**2376**
650	**585**	1050	**945**	1450	**1305**	1850	**1665**	2250	**2025**	2650	**2385**
660	**594**	1060	**954**	1460	**1314**	1860	**1674**	2260	**2034**	2660	**2394**
670	**603**	1070	**963**	1470	**1323**	1870	**1683**	2270	**2043**	2670	**2403**
680	**612**	1080	**972**	1480	**1332**	1880	**1692**	2280	**2052**	2680	**2412**
690	**621**	1090	**981**	1490	**1341**	1890	**1701**	2290	**2061**	2690	**2421**
700	**630**	1100	**990**	1500	**1350**	1900	**1710**	2300	**2070**	2700	**2430**
710	**639**	1110	**999**	1510	**1359**	1910	**1719**	2310	**2079**	2710	**2439**
720	**648**	1120	**1008**	1520	**1368**	1920	**1728**	2320	**2088**	2720	**2448**
730	**657**	1130	**1017**	1530	**1377**	1930	**1737**	2330	**2097**	2730	**2457**
740	**666**	1140	**1026**	1540	**1386**	1940	**1746**	2340	**2106**	2740	**2466**
750	**675**	1150	**1035**	1550	**1395**	1950	**1755**	2350	**2115**	2750	**2475**
760	**684**	1160	**1044**	1560	**1404**	1960	**1764**	2360	**2124**	2760	**2484**
770	**693**	1170	**1053**	1570	**1413**	1970	**1773**	2370	**2133**	2770	**2493**
780	**702**	1180	**1062**	1580	**1422**	1980	**1782**	2380	**2142**	2780	**2502**
790	**711**	1190	**1071**	1590	**1431**	1990	**1791**	2390	**2151**	2790	**2511**
800	**720**	1200	**1080**	1600	**1440**	2000	**1800**	2400	**2160**	2800	**2520**

2810	**2529**	3210	**2889**	3610	**3249**	4010	**3609**	4410	**3969**	4810	**4329**
2820	**2538**	3220	**2898**	3620	**3258**	4020	**3618**	4420	**3978**	4820	**4338**
2830	**2547**	3230	**2907**	3630	**3267**	4030	**3627**	4430	**3987**	4830	**4347**
2840	**2556**	3240	**2916**	3640	**3276**	4040	**3636**	4440	**3996**	4840	**4356**
2850	**2565**	3250	**2925**	3650	**3285**	4050	**3645**	4450	**4005**	4850	**4365**
2860	**2574**	3260	**2934**	3660	**3294**	4060	**3654**	4460	**4014**	4860	**4374**
2870	**2583**	3270	**2943**	3670	**3303**	4070	**3663**	4470	**4023**	4870	**4383**
2880	**2592**	3280	**2952**	3680	**3312**	4080	**3672**	4480	**4032**	4880	**4392**
2890	**2601**	3290	**2961**	3690	**3321**	4090	**3681**	4490	**4041**	4890	**4401**
2900	**2610**	3300	**2970**	3700	**3330**	4100	**3690**	4500	**4050**	4900	**4410**
2910	**2619**	3310	**2979**	3710	**3339**	4110	**3699**	4510	**4059**	4910	**4419**
2920	**2628**	3320	**2988**	3720	**3348**	4120	**3708**	4520	**4068**	4920	**4428**
2930	**2637**	3330	**2997**	3730	**3357**	4130	**3717**	4530	**4077**	4930	**4437**
2940	**2646**	3340	**3006**	3740	**3366**	4140	**3726**	4540	**4086**	4940	**4446**
2950	**2655**	3350	**3015**	3750	**3375**	4150	**3735**	4550	**4095**	4950	**4455**
2960	**2664**	3360	**3024**	3760	**3384**	4160	**3744**	4560	**4104**	4960	**4464**
2970	**2673**	3370	**3033**	3770	**3393**	4170	**3753**	4570	**4113**	4970	**4473**
2980	**2682**	3380	**3042**	3780	**3402**	4180	**3762**	4580	**4122**	4980	**4482**
2990	**2691**	3390	**3051**	3790	**3411**	4190	**3771**	4590	**4131**	4990	**4491**
3000	**2700**	3400	**3060**	3800	**3420**	4200	**3780**	4600	**4140**	5000	**4500**
3010	**2709**	3410	**3069**	3810	**3429**	4210	**3789**	4610	**4149**	5010	**4509**
3020	**2718**	3420	**3078**	3820	**3438**	4220	**3798**	4620	**4158**	5020	**4518**
3030	**2727**	3430	**3087**	3830	**3447**	4230	**3807**	4630	**4167**	5030	**4527**
3040	**2736**	3440	**3096**	3840	**3456**	4240	**3816**	4640	**4176**	5040	**4536**
3050	**2745**	3450	**3105**	3850	**3465**	4250	**3825**	4650	**4185**	5050	**4545**
3060	**2754**	3460	**3114**	3860	**3474**	4260	**3834**	4660	**4194**	5060	**4554**
3070	**2763**	3470	**3123**	3870	**3483**	4270	**3843**	4670	**4203**	5070	**4563**
3080	**2772**	3480	**3132**	3880	**3492**	4280	**3852**	4680	**4212**	5080	**4572**
3090	**2781**	3490	**3141**	3890	**3501**	4290	**3861**	4690	**4221**	5090	**4581**
3100	**2790**	3500	**3150**	3900	**3510**	4300	**3870**	4700	**4230**	5100	**4590**
3110	**2799**	3510	**3159**	3910	**3519**	4310	**3879**	4710	**4239**	5110	**4599**
3120	**2808**	3520	**3168**	3920	**3528**	4320	**3888**	4720	**4248**	5120	**4608**
3130	**2817**	3530	**3177**	3930	**3537**	4330	**3897**	4730	**4257**	5130	**4617**
3140	**2826**	3540	**3186**	3940	**3546**	4340	**3906**	4740	**4266**	5140	**4626**
3150	**2835**	3550	**3195**	3950	**3555**	4350	**3915**	4750	**4275**	5150	**4635**
3160	**2844**	3560	**3204**	3960	**3564**	4360	**3924**	4760	**4284**	5160	**4644**
3170	**2853**	3570	**3213**	3970	**3573**	4370	**3933**	4770	**4293**	5170	**4653**
3180	**2862**	3580	**3222**	3980	**3582**	4380	**3942**	4780	**4302**	5180	**4662**
3190	**2871**	3590	**3231**	3990	**3591**	4390	**3951**	4790	**4311**	5190	**4671**
3200	**2880**	3600	**3240**	4000	**3600**	4400	**3960**	4800	**4320**	5200	**4680**

11

410	**365**	810	**721**	1210	**1077**	1610	**1433**	2010	**1789**	2410	**2145**
420	**374**	820	**730**	1220	**1086**	1620	**1442**	2020	**1798**	2420	**2154**
430	**383**	830	**739**	1230	**1095**	1630	**1451**	2030	**1807**	2430	**2163**
440	**392**	840	**748**	1240	**1104**	1640	**1460**	2040	**1816**	2440	**2172**
450	**400**	850	**756**	1250	**1112**	1650	**1468**	2050	**1824**	2450	**2180**
460	**409**	860	**765**	1260	**1121**	1660	**1477**	2060	**1833**	2460	**2189**
470	**418**	870	**774**	1270	**1130**	1670	**1486**	2070	**1842**	2470	**2198**
480	**427**	880	**783**	1280	**1139**	1680	**1495**	2080	**1851**	2480	**2207**
490	**436**	890	**792**	1290	**1148**	1690	**1504**	2090	**1860**	2490	**2216**
500	**445**	900	**801**	1300	**1157**	1700	**1513**	2100	**1869**	2500	**2225**
510	**454**	910	**810**	1310	**1166**	1710	**1522**	2110	**1878**	2510	**2234**
520	**463**	920	**819**	1320	**1175**	1720	**1531**	2120	**1887**	2520	**2243**
530	**472**	930	**828**	1330	**1184**	1730	**1540**	2130	**1896**	2530	**2252**
540	**481**	940	**837**	1340	**1193**	1740	**1549**	2140	**1905**	2540	**2261**
550	**489**	950	**845**	1350	**1201**	1750	**1557**	2150	**1913**	2550	**2269**
560	**498**	960	**854**	1360	**1210**	1760	**1566**	2160	**1922**	2560	**2278**
570	**507**	970	**863**	1370	**1219**	1770	**1575**	2170	**1931**	2570	**2287**
580	**516**	980	**872**	1380	**1228**	1780	**1584**	2180	**1940**	2580	**2296**
590	**525**	990	**881**	1390	**1237**	1790	**1593**	2190	**1949**	2590	**2305**
600	**534**	1000	**890**	1400	**1246**	1800	**1602**	2200	**1958**	2600	**2314**
610	**543**	1010	**899**	1410	**1255**	1810	**1611**	2210	**1967**	2610	**2323**
620	**552**	1020	**908**	1420	**1264**	1820	**1620**	2220	**1976**	2620	**2332**
630	**561**	1030	**917**	1430	**1273**	1830	**1629**	2230	**1985**	2630	**2341**
640	**570**	1040	**926**	1440	**1282**	1840	**1638**	2240	**1994**	2640	**2350**
650	**578**	1050	**934**	1450	**1290**	1850	**1646**	2250	**2002**	2650	**2358**
660	**587**	1060	**943**	1460	**1299**	1860	**1655**	2260	**2011**	2660	**2367**
670	**596**	1070	**952**	1470	**1308**	1870	**1664**	2270	**2020**	2670	**2376**
680	**605**	1080	**961**	1480	**1317**	1880	**1673**	2280	**2029**	2680	**2385**
690	**614**	1090	**970**	1490	**1326**	1890	**1682**	2290	**2038**	2690	**2394**
700	**623**	1100	**979**	1500	**1335**	1900	**1691**	2300	**2047**	2700	**2403**
710	**632**	1110	**988**	1510	**1344**	1910	**1700**	2310	**2056**	2710	**2412**
720	**641**	1120	**997**	1520	**1353**	1920	**1709**	2320	**2065**	2720	**2421**
730	**650**	1130	**1006**	1530	**1362**	1930	**1718**	2330	**2074**	2730	**2430**
740	**659**	1140	**1015**	1540	**1371**	1940	**1727**	2340	**2083**	2740	**2439**
750	**667**	1150	**1023**	1550	**1379**	1950	**1735**	2350	**2091**	2750	**2447**
760	**676**	1160	**1032**	1560	**1388**	1960	**1744**	2360	**2100**	2760	**2456**
770	**685**	1170	**1041**	1570	**1397**	1970	**1753**	2370	**2109**	2770	**2465**
780	**694**	1180	**1050**	1580	**1406**	1980	**1762**	2380	**2118**	2780	**2474**
790	**703**	1190	**1059**	1590	**1415**	1990	**1771**	2390	**2127**	2790	**2483**
800	**712**	1200	**1068**	1600	**1424**	2000	**1780**	2400	**2136**	2800	**2492**

2810	2501	3210	2857	3610	3213	4010	3569	4410	3925	4810	4281
2820	2510	3220	2866	3620	3222	4020	3578	4420	3934	4820	4290
2830	2519	3230	2875	3630	3231	4030	3587	4430	3943	4830	4299
2840	2528	3240	2884	3640	3240	4040	3596	4440	3952	4840	4308
2850	2536	3250	2892	3650	3248	4050	3604	4450	3960	4850	4316
2860	2545	3260	2901	3660	3257	4060	3613	4460	3969	4860	4325
2870	2554	3270	2910	3670	3266	4070	3622	4470	3978	4870	4334
2880	2563	3280	2919	3680	3275	4080	3631	4480	3987	4880	4343
2890	2572	3290	2928	3690	3284	4090	3640	4490	3996	4890	4352
2900	2581	3300	2937	3700	3293	4100	3649	4500	4005	4900	4361
2910	2590	3310	2946	3710	3302	4110	3658	4510	4014	4910	4370
2920	2599	3320	2955	3720	3311	4120	3667	4520	4023	4920	4379
2930	2608	3330	2964	3730	3320	4130	3676	4530	4032	4930	4388
2940	2617	3340	2973	3740	3329	4140	3685	4540	4041	4940	4397
2950	2625	3350	2981	3750	3337	4150	3693	4550	4049	4950	4405
2960	2634	3360	2990	3760	3346	4160	3702	4560	4058	4960	4414
2970	2643	3370	2999	3770	3355	4170	3711	4570	4067	4970	4423
2980	2652	3380	3008	3780	3364	4180	3720	4580	4076	4980	4432
2990	2661	3390	3017	3790	3373	4190	3729	4590	4085	4990	4441
3000	2670	3400	3026	3800	3382	4200	3738	4600	4094	5000	4450
3010	2679	3410	3035	3810	3391	4210	3747	4610	4103	5010	4459
3020	2688	3420	3044	3820	3400	4220	3756	4620	4112	5020	4468
3030	2697	3430	3053	3830	3409	4230	3765	4630	4121	5030	4477
3040	2706	3440	3062	3840	3418	4240	3774	4640	4130	5040	4486
3050	2714	3450	3070	3850	3426	4250	3782	4650	4138	5050	4494
3060	2723	3460	3079	3860	3435	4260	3791	4660	4147	5060	4503
3070	2732	3470	3088	3870	3444	4270	3800	4670	4156	5070	4512
3080	2741	3480	3097	3880	3453	4280	3809	4680	4165	5080	4521
3090	2750	3490	3106	3890	3462	4290	3818	4690	4174	5090	4530
3100	2759	3500	3115	3900	3471	4300	3827	4700	4183	5100	4539
3110	2768	3510	3124	3910	3480	4310	3836	4710	4192	5110	4548
3120	2777	3520	3133	3920	3489	4320	3845	4720	4201	5120	4557
3130	2786	3530	3142	3930	3498	4330	3854	4730	4210	5130	4566
3140	2795	3540	3151	3940	3507	4340	3863	4740	4219	5140	4575
3150	2803	3550	3159	3950	3515	4350	3871	4750	4227	5150	4583
3160	2812	3560	3168	3960	3524	4360	3880	4760	4236	5160	4592
3170	2821	3570	3177	3970	3533	4370	3889	4770	4245	5170	4601
3180	2830	3580	3186	3980	3542	4380	3898	4780	4254	5180	4610
3190	2839	3590	3195	3990	3551	4390	3907	4790	4263	5190	4619
3200	2848	3600	3204	4000	3560	4400	3916	4800	4272	5200	4628

11

12

410	**361**	810	**713**	1210	**1065**	1610	**1417**	2010	**1769**	2410	**2121**
420	**370**	820	**722**	1220	**1074**	1620	**1426**	2020	**1778**	2420	**2130**
430	**378**	830	**730**	1230	**1082**	1630	**1434**	2030	**1786**	2430	**2138**
440	**387**	840	**739**	1240	**1091**	1640	**1443**	2040	**1795**	2440	**2147**
450	**396**	850	**748**	1250	**1100**	1650	**1452**	2050	**1804**	2450	**2156**
460	**405**	860	**757**	1260	**1109**	1660	**1461**	2060	**1813**	2460	**2165**
470	**414**	870	**766**	1270	**1118**	1670	**1470**	2070	**1822**	2470	**2174**
480	**422**	880	**774**	1280	**1126**	1680	**1478**	2080	**1830**	2480	**2182**
490	**431**	890	**783**	1290	**1135**	1690	**1487**	2090	**1839**	2490	**2191**
500	**440**	900	**792**	1300	**1144**	1700	**1496**	2100	**1848**	2500	**2200**
510	**449**	910	**801**	1310	**1153**	1710	**1505**	2110	**1857**	2510	**2209**
520	**458**	920	**810**	1320	**1162**	1720	**1514**	2120	**1866**	2520	**2218**
530	**466**	930	**818**	1330	**1170**	1730	**1522**	2130	**1874**	2530	**2226**
540	**475**	940	**827**	1340	**1179**	1740	**1531**	2140	**1883**	2540	**2235**
550	**484**	950	**836**	1350	**1188**	1750	**1540**	2150	**1892**	2550	**2244**
560	**493**	960	**845**	1360	**1197**	1760	**1549**	2160	**1901**	2560	**2253**
570	**502**	970	**854**	1370	**1206**	1770	**1558**	2170	**1910**	2570	**2262**
580	**510**	980	**862**	1380	**1214**	1780	**1566**	2180	**1918**	2580	**2270**
590	**519**	990	**871**	1390	**1223**	1790	**1575**	2190	**1927**	2590	**2279**
600	**528**	1000	**880**	1400	**1232**	1800	**1584**	2200	**1936**	2600	**2288**
610	**537**	1010	**889**	1410	**1241**	1810	**1593**	2210	**1945**	2610	**2297**
620	**546**	1020	**898**	1420	**1250**	1820	**1602**	2220	**1954**	2620	**2306**
630	**554**	1030	**906**	1430	**1258**	1830	**1610**	2230	**1962**	2630	**2314**
640	**563**	1040	**915**	1440	**1267**	1840	**1619**	2240	**1971**	2640	**2323**
650	**572**	1050	**924**	1450	**1276**	1850	**1628**	2250	**1980**	2650	**2332**
660	**581**	1060	**933**	1460	**1285**	1860	**1637**	2260	**1989**	2660	**2341**
670	**590**	1070	**942**	1470	**1294**	1870	**1646**	2270	**1998**	2670	**2350**
680	**598**	1080	**950**	1480	**1302**	1880	**1654**	2280	**2006**	2680	**2358**
690	**607**	1090	**959**	1490	**1311**	1890	**1663**	2290	**2015**	2690	**2367**
700	**616**	1100	**968**	1500	**1320**	1900	**1672**	2300	**2024**	2700	**2376**
710	**625**	1110	**977**	1510	**1329**	1910	**1681**	2310	**2033**	2710	**2385**
720	**634**	1120	**986**	1520	**1338**	1920	**1690**	2320	**2042**	2720	**2394**
730	**642**	1130	**994**	1530	**1346**	1930	**1698**	2330	**2050**	2730	**2402**
740	**651**	1140	**1003**	1540	**1355**	1940	**1707**	2340	**2059**	2740	**2411**
750	**660**	1150	**1012**	1550	**1364**	1950	**1716**	2350	**2068**	2750	**2420**
760	**669**	1160	**1021**	1560	**1373**	1960	**1725**	2360	**2077**	2760	**2429**
770	**678**	1170	**1030**	1570	**1382**	1970	**1734**	2370	**2086**	2770	**2438**
780	**686**	1180	**1038**	1580	**1390**	1980	**1742**	2380	**2094**	2780	**2446**
790	**695**	1190	**1047**	1590	**1399**	1990	**1751**	2390	**2103**	2790	**2455**
800	**704**	1200	**1056**	1600	**1408**	2000	**1760**	2400	**2112**	2800	**2464**

2810	**2473**	3210	**2825**	3610	**3177**	4010	**3529**	4410	**3881**	4810	**4233**
2820	**2482**	3220	**2834**	3620	**3186**	4020	**3538**	4420	**3890**	4820	**4242**
2830	**2490**	3230	**2842**	3630	**3194**	4030	**3546**	4430	**3898**	4830	**4250**
2840	**2499**	3240	**2851**	3640	**3203**	4040	**3555**	4440	**3907**	4840	**4259**
2850	**2508**	3250	**2860**	3650	**3212**	4050	**3564**	4450	**3916**	4850	**4268**
2860	**2517**	3260	**2869**	3660	**3221**	4060	**3573**	4460	**3925**	4860	**4277**
2870	**2526**	3270	**2878**	3670	**3230**	4070	**3582**	4470	**3934**	4870	**4286**
2880	**2534**	3280	**2886**	3680	**3238**	4080	**3590**	4480	**3942**	4880	**4294**
2890	**2543**	3290	**2895**	3690	**3247**	4090	**3599**	4490	**3951**	4890	**4303**
2900	**2552**	3300	**2904**	3700	**3256**	4100	**3608**	4500	**3960**	4900	**4312**
2910	**2561**	3310	**2913**	3710	**3265**	4110	**3617**	4510	**3969**	4910	**4321**
2920	**2570**	3320	**2922**	3720	**3274**	4120	**3626**	4520	**3978**	4920	**4330**
2930	**2578**	3330	**2930**	3730	**3282**	4130	**3634**	4530	**3986**	4930	**4338**
2940	**2587**	3340	**2939**	3740	**3291**	4140	**3643**	4540	**3995**	4940	**4347**
2950	**2596**	3350	**2948**	3750	**3300**	4150	**3652**	4550	**4004**	4950	**4356**
2960	**2605**	3360	**2957**	3760	**3309**	4160	**3661**	4560	**4013**	4960	**4365**
2970	**2614**	3370	**2966**	3770	**3318**	4170	**3670**	4570	**4022**	4970	**4374**
2980	**2622**	3380	**2974**	3780	**3326**	4180	**3678**	4580	**4030**	4980	**4382**
2990	**2631**	3390	**2983**	3790	**3335**	4190	**3687**	4590	**4039**	4990	**4391**
3000	**2640**	3400	**2992**	3800	**3344**	4200	**3696**	4600	**4048**	5000	**4400**
3010	**2649**	3410	**3001**	3810	**3353**	4210	**3705**	4610	**4057**	5010	**4409**
3020	**2658**	3420	**3010**	3820	**3362**	4220	**3714**	4620	**4066**	5020	**4418**
3030	**2666**	3430	**3018**	3830	**3370**	4230	**3722**	4630	**4074**	5030	**4426**
3040	**2675**	3440	**3027**	3840	**3379**	4240	**3731**	4640	**4083**	5040	**4435**
3050	**2684**	3450	**3036**	3850	**3388**	4250	**3740**	4650	**4092**	5050	**4444**
3060	**2693**	3460	**3045**	3860	**3397**	4260	**3749**	4660	**4101**	5060	**4453**
3070	**2702**	3470	**3054**	3870	**3406**	4270	**3758**	4670	**4110**	5070	**4462**
3080	**2710**	3480	**3062**	3880	**3414**	4280	**3766**	4680	**4118**	5080	**4470**
3090	**2719**	3490	**3071**	3890	**3423**	4290	**3775**	4690	**4127**	5090	**4479**
3100	**2728**	3500	**3080**	3900	**3432**	4300	**3784**	4700	**4136**	5100	**4488**
3110	**2737**	3510	**3089**	3910	**3441**	4310	**3793**	4710	**4145**	5110	**4497**
3120	**2746**	3520	**3098**	3920	**3450**	4320	**3802**	4720	**4154**	5120	**4506**
3130	**2754**	3530	**3106**	3930	**3458**	4330	**3810**	4730	**4162**	5130	**4514**
3140	**2763**	3540	**3115**	3940	**3467**	4340	**3819**	4740	**4171**	5140	**4523**
3150	**2772**	3550	**3124**	3950	**3476**	4350	**3828**	4750	**4180**	5150	**4532**
3160	**2781**	3560	**3133**	3960	**3485**	4360	**3837**	4760	**4189**	5160	**4541**
3170	**2790**	3570	**3142**	3970	**3494**	4370	**3846**	4770	**4198**	5170	**4550**
3180	**2798**	3580	**3150**	3980	**3502**	4380	**3854**	4780	**4206**	5180	**4558**
3190	**2807**	3590	**3159**	3990	**3511**	4390	**3863**	4790	**4215**	5190	**4567**
3200	**2816**	3600	**3168**	4000	**3520**	4400	**3872**	4800	**4224**	5200	**4576**

13

410	**357**	810	**705**	1210	**1053**	1610	**1401**	2010	**1749**	2410	**2097**
420	**365**	820	**713**	1220	**1061**	1620	**1409**	2020	**1757**	2420	**2105**
430	**374**	830	**722**	1230	**1070**	1630	**1418**	2030	**1766**	2430	**2114**
440	**383**	840	**731**	1240	**1079**	1640	**1427**	2040	**1775**	2440	**2123**
450	**391**	850	**739**	1250	**1087**	1650	**1435**	2050	**1783**	2450	**2131**
460	**400**	860	**748**	1260	**1096**	1660	**1444**	2060	**1792**	2460	**2140**
470	**409**	870	**757**	1270	**1105**	1670	**1453**	2070	**1801**	2470	**2149**
480	**418**	880	**766**	1280	**1114**	1680	**1462**	2080	**1810**	2480	**2158**
490	**426**	890	**774**	1290	**1122**	1690	**1470**	2090	**1818**	2490	**2166**
500	**435**	900	**783**	1300	**1131**	1700	**1479**	2100	**1827**	2500	**2175**
510	**444**	910	**792**	1310	**1140**	1710	**1488**	2110	**1836**	2510	**2184**
520	**452**	920	**800**	1320	**1148**	1720	**1496**	2120	**1844**	2520	**2192**
530	**461**	930	**809**	1330	**1157**	1730	**1505**	2130	**1853**	2530	**2201**
540	**470**	940	**818**	1340	**1166**	1740	**1514**	2140	**1862**	2540	**2210**
550	**478**	950	**826**	1350	**1174**	1750	**1522**	2150	**1870**	2550	**2218**
560	**487**	960	**835**	1360	**1183**	1760	**1531**	2160	**1879**	2560	**2227**
570	**496**	970	**844**	1370	**1192**	1770	**1540**	2170	**1888**	2570	**2236**
580	**505**	980	**853**	1380	**1201**	1780	**1549**	2180	**1897**	2580	**2245**
590	**513**	990	**861**	1390	**1209**	1790	**1557**	2190	**1905**	2590	**2253**
600	**522**	1000	**870**	1400	**1218**	1800	**1566**	2200	**1914**	2600	**2262**
610	**531**	1010	**879**	1410	**1227**	1810	**1575**	2210	**1923**	2610	**2271**
620	**539**	1020	**887**	1420	**1235**	1820	**1583**	2220	**1931**	2620	**2279**
630	**548**	1030	**896**	1430	**1244**	1830	**1592**	2230	**1940**	2630	**2288**
640	**557**	1040	**905**	1440	**1253**	1840	**1601**	2240	**1949**	2640	**2297**
650	**565**	1050	**913**	1450	**1261**	1850	**1609**	2250	**1957**	2650	**2305**
660	**574**	1060	**922**	1460	**1270**	1860	**1618**	2260	**1966**	2660	**2314**
670	**583**	1070	**931**	1470	**1279**	1870	**1627**	2270	**1975**	2670	**2323**
680	**592**	1080	**940**	1480	**1288**	1880	**1636**	2280	**1984**	2680	**2332**
690	**600**	1090	**948**	1490	**1296**	1890	**1644**	2290	**1992**	2690	**2340**
700	**609**	1100	**957**	1500	**1305**	1900	**1653**	2300	**2001**	2700	**2349**
710	**618**	1110	**966**	1510	**1314**	1910	**1662**	2310	**2010**	2710	**2358**
720	**626**	1120	**974**	1520	**1322**	1920	**1670**	2320	**2018**	2720	**2366**
730	**635**	1130	**983**	1530	**1331**	1930	**1679**	2330	**2027**	2730	**2375**
740	**644**	1140	**992**	1540	**1340**	1940	**1688**	2340	**2036**	2740	**2384**
750	**652**	1150	**1000**	1550	**1348**	1950	**1696**	2350	**2044**	2750	**2392**
760	**661**	1160	**1009**	1560	**1357**	1960	**1705**	2360	**2053**	2760	**2401**
770	**670**	1170	**1018**	1570	**1366**	1970	**1714**	2370	**2062**	2770	**2410**
780	**679**	1180	**1027**	1580	**1375**	1980	**1723**	2380	**2071**	2780	**2419**
790	**687**	1190	**1035**	1590	**1383**	1990	**1731**	2390	**2079**	2790	**2427**
800	**696**	1200	**1044**	1600	**1392**	2000	**1740**	2400	**2088**	2800	**2436**

2810	2445	3210	2793	3610	3141	4010	3489	4410	3837	4810	4185
2820	2453	3220	2801	3620	3149	4020	3497	4420	3845	4820	4193
2830	2462	3230	2810	3630	3158	4030	3506	4430	3854	4830	4202
2840	2471	3240	2819	3640	3167	4040	3515	4440	3863	4840	4211
2850	2479	3250	2827	3650	3175	4050	3523	4450	3871	4850	4219
2860	2488	3260	2836	3660	3184	4060	3532	4460	3880	4860	4228
2870	2497	3270	2845	3670	3193	4070	3541	4470	3889	4870	4237
[illegible]	2506	3280	2854	3680	3202	4080	3550	4480	3898	4880	4246
2890	2514	3290	2862	3690	3210	4090	3558	4490	3906	4890	4254
2900	2523	3300	2871	3700	3219	4100	3567	4500	3915	4900	4263
2910	2532	3310	2880	3710	3228	4110	3576	4510	3924	4910	4272
2920	2540	3320	2888	3720	3236	4120	3584	4520	3932	4920	4280
2930	2549	3330	2897	3730	3245	4130	3593	4530	3941	4930	4289
2940	2558	3340	2906	3740	3254	4140	3602	4540	3950	4940	4298
2950	2566	3350	2914	3750	3262	4150	3610	4550	3958	4950	4306
2960	2575	3360	2923	3760	3271	4160	3619	4560	3967	4960	4315
2970	2584	3370	2932	3770	3280	4170	3628	4570	3976	4970	4324
2980	2593	3380	2941	3780	3289	4180	3637	4580	3985	4980	4333
2990	2601	3390	2949	3790	3297	4190	3645	4590	3993	4990	4341
3000	2610	3400	2958	3800	3306	4200	3654	4600	4002	5000	4350
3010	2619	3410	2967	3810	3315	4210	3663	4610	4011	5010	4359
3020	2627	3420	2975	3820	3323	4220	3671	4620	4019	5020	4367
3030	2636	3430	2984	3830	3332	4230	3680	4630	4028	5030	4376
3040	2645	3440	2993	3840	3341	4240	3689	4640	4037	5040	4385
3050	2653	3450	3001	3850	3349	4250	3697	4650	4045	5050	4393
3060	2662	3460	3010	3860	3358	4260	3706	4660	4054	5060	4402
3070	2671	3470	3019	3870	3367	4270	3715	4670	4063	5070	4411
3080	2680	3480	3028	3880	3376	4280	3724	4680	4072	5080	4420
3090	2688	3490	3036	3890	3384	4290	3732	4690	4080	5090	4428
3100	2697	3500	3045	3900	3393	4300	3741	4700	4089	5100	4437
3110	2706	3510	3054	3910	3402	4310	3750	4710	4098	5110	4446
3120	2714	3520	3062	3920	3410	4320	3758	4720	4106	5120	4454
3130	2723	3530	3071	3930	3419	4330	3767	4730	4115	5130	4463
3140	2732	3540	3080	3940	3428	4340	3776	4740	4124	5140	4472
3150	2740	3550	3088	3950	3436	4350	3784	4750	4132	5150	4480
3160	2749	3560	3097	3960	3445	4360	3793	4760	4141	5160	4489
3170	2758	3570	3106	3970	3454	4370	3802	4770	4150	5170	4498
3180	2767	3580	3115	3980	3463	4380	3811	4780	4159	5180	4507
3190	2775	3590	3123	3990	3471	4390	3819	4790	4167	5190	4515
3200	2784	3600	3132	4000	3480	4400	3828	4800	4176	5200	4524

14

410	353	810	697	1210	1041	1610	1385	2010	1729	2410	2073
420	361	820	705	1220	1049	1620	1393	2020	1737	2420	2081
430	370	830	714	1230	1058	1630	1402	2030	1746	2430	2090
440	378	840	722	1240	1066	1640	1410	2040	1754	2440	2098
450	387	850	731	1250	1075	1650	1419	2050	1763	2450	2107
460	396	860	740	1260	1084	1660	1428	2060	1772	2460	2116
470	404	870	748	1270	1092	1670	1436	2070	1780	2470	2124
480	413	880	757	1280	1101	1680	1445	2080	1789	2480	2133
490	421	890	765	1290	1109	1690	1453	2090	1797	2490	2141
500	430	900	774	1300	1118	1700	1462	2100	1806	2500	2150
510	439	910	783	1310	1127	1710	1471	2110	1815	2510	2159
520	447	920	791	1320	1135	1720	1479	2120	1823	2520	2167
530	456	930	800	1330	1144	1730	1488	2130	1832	2530	2176
540	464	940	808	1340	1152	1740	1496	2140	1840	2540	2184
550	473	950	817	1350	1161	1750	1505	2150	1849	2550	2193
560	482	960	826	1360	1170	1760	1514	2160	1858	2560	2202
570	490	970	834	1370	1178	1770	1522	2170	1866	2570	2210
580	499	980	843	1380	1187	1780	1531	2180	1875	2580	2219
590	507	990	851	1390	1195	1790	1539	2190	1883	2590	2227
600	516	1000	860	1400	1204	1800	1548	2200	1892	2600	2236
610	525	1010	869	1410	1213	1810	1557	2210	1901	2610	2245
620	533	1020	877	1420	1221	1820	1565	2220	1909	2620	2253
630	542	1030	886	1430	1230	1830	1574	2230	1918	2630	2262
640	550	1040	894	1440	1238	1840	1582	2240	1926	2640	2270
650	559	1050	903	1450	1247	1850	1591	2250	1935	2650	2279
660	568	1060	912	1460	1256	1860	1600	2260	1944	2660	2288
670	576	1070	920	1470	1264	1870	1608	2270	1952	2670	2296
680	585	1080	929	1480	1273	1880	1617	2280	1961	2680	2305
690	593	1090	937	1490	1281	1890	1625	2290	1969	2690	2313
700	602	1100	946	1500	1290	1900	1634	2300	1978	2700	2322
710	611	1110	955	1510	1299	1910	1643	2310	1987	2710	2331
720	619	1120	963	1520	1307	1920	1651	2320	1995	2720	2339
730	628	1130	972	1530	1316	1930	1660	2330	2004	2730	2348
740	636	1140	980	1540	1324	1940	1668	2340	2012	2740	2356
750	645	1150	989	1550	1333	1950	1677	2350	2021	2750	2365
760	654	1160	998	1560	1342	1960	1686	2360	2030	2760	2374
770	662	1170	1006	1570	1350	1970	1694	2370	2038	2770	2382
780	671	1180	1015	1580	1359	1980	1703	2380	2047	2780	2391
790	679	1190	1023	1590	1367	1990	1711	2390	2055	2790	2399
800	688	1200	1032	1600	1376	2000	1720	2400	2064	2800	2408

2810	2417	3210	2761	3610	3105	4010	3449	4410	3793	4810	4137
2820	2425	3220	2769	3620	3113	4020	3457	4420	3801	4820	4145
2830	2434	3230	2778	3630	3122	4030	3466	4430	3810	4830	4154
2840	2442	3240	2786	3640	3130	4040	3474	4440	3818	4840	4162
2850	2451	3250	2795	3650	3139	4050	3483	4450	3827	4850	4171
2860	2460	3260	2804	3660	3148	4060	3492	4460	3836	4860	4180
2870	2468	3270	2812	3670	3156	4070	3500	4470	3844	4870	4188
2880	2477	3280	2821	3680	3165	4080	3509	4480	3853	4880	4197
2890	2485	3290	2829	3690	3173	4090	3517	4490	3861	4890	4205
2900	2494	3300	2838	3700	3182	4100	3526	4500	3870	4900	4214
2910	2503	3310	2847	3710	3191	4110	3535	4510	3879	4910	4223
2920	2511	3320	2855	3720	3199	4120	3543	4520	3887	4920	4231
2930	2520	3330	2864	3730	3208	4130	3552	4530	3896	4930	4240
2940	2528	3340	2872	3740	3216	4140	3560	4540	3904	4940	4248
2950	2537	3350	2881	3750	3225	4150	3569	4550	3913	4950	4257
2960	2546	3360	2890	3760	3234	4160	3578	4560	3922	4960	4266
2970	2554	3370	2898	3770	3242	4170	3586	4570	3930	4970	4274
2980	2563	3380	2907	3780	3251	4180	3595	4580	3939	4980	4283
2990	2571	3390	2915	3790	3259	4190	3603	4590	3947	4990	4291
3000	2580	3400	2924	3800	3268	4200	3612	4600	3956	5000	4300
3010	2589	3410	2933	3810	3277	4210	3621	4610	3965	5010	4309
3020	2597	3420	2941	3820	3285	4220	3629	4620	3973	5020	4317
3030	2606	3430	2950	3830	3294	4230	3638	4630	3982	5030	4326
3040	2614	3440	2958	3840	3302	4240	3646	4640	3990	5040	4334
3050	2623	3450	2967	3850	3311	4250	3655	4650	3999	5050	4343
3060	2632	3460	2976	3860	3320	4260	3664	4660	4008	5060	4352
3070	2640	3470	2984	3870	3328	4270	3672	4670	4016	5070	4360
3080	2649	3480	2993	3880	3337	4280	3681	4680	4025	5080	4369
3090	2657	3490	3001	3890	3345	4290	3689	4690	4033	5090	4377
3100	2666	3500	3010	3900	3354	4300	3698	4700	4042	5100	4386
3110	2675	3510	3019	3910	3363	4310	3707	4710	4051	5110	4395
3120	2683	3520	3027	3920	3371	4320	3715	4720	4059	5120	4403
3130	2692	3530	3036	3930	3380	4330	3724	4730	4068	5130	4412
3140	2700	3540	3044	3940	3388	4340	3732	4740	4076	5140	4420
3150	2709	3550	3053	3950	3397	4350	3741	4750	4085	5150	4429
3160	2718	3560	3062	3960	3406	4360	3750	4760	4094	5160	4438
3170	2726	3570	3070	3970	3414	4370	3758	4770	4102	5170	4446
3180	2735	3580	3079	3980	3423	4380	3767	4780	4111	5180	4455
3190	2743	3590	3087	3990	3431	4390	3775	4790	4119	5190	4463
3200	2752	3600	3096	4000	3440	4400	3784	4800	4128	5200	4472

15

410	**348**	810	**688**	1210	**1028**	1610	**1368**	2010	**1708**	2410	**2048**
420	**357**	820	**697**	1220	**1037**	1620	**1377**	2020	**1717**	2420	**2057**
430	**365**	830	**705**	1230	**1045**	1630	**1385**	2030	**1725**	2430	**2065**
440	**374**	840	**714**	1240	**1054**	1640	**1394**	2040	**1734**	2440	**2074**
450	**382**	850	**722**	1250	**1062**	1650	**1402**	2050	**1742**	2450	**2082**
460	**391**	860	**731**	1260	**1071**	1660	**1411**	2060	**1751**	2460	**2091**
470	**399**	870	**739**	1270	**1079**	1670	**1419**	2070	**1759**	2470	**2099**
480	**408**	880	**748**	1280	**1088**	1680	**1428**	2080	**1768**	2480	**2108**
490	**416**	890	**756**	1290	**1096**	1690	**1436**	2090	**1776**	2490	**2116**
500	**425**	900	**765**	1300	**1105**	1700	**1445**	2100	**1785**	2500	**2125**
510	**433**	910	**773**	1310	**1113**	1710	**1453**	2110	**1793**	2510	**2133**
520	**442**	920	**782**	1320	**1122**	1720	**1462**	2120	**1802**	2520	**2142**
530	**450**	930	**790**	1330	**1130**	1730	**1470**	2130	**1810**	2530	**2150**
540	**459**	940	**799**	1340	**1139**	1740	**1479**	2140	**1819**	2540	**2159**
550	**467**	950	**807**	1350	**1147**	1750	**1487**	2150	**1827**	2550	**2167**
560	**476**	960	**816**	1360	**1156**	1760	**1496**	2160	**1836**	2560	**2176**
570	**484**	970	**824**	1370	**1164**	1770	**1504**	2170	**1844**	2570	**2184**
580	**493**	980	**833**	1380	**1173**	1780	**1513**	2180	**1853**	2580	**2193**
590	**501**	990	**841**	1390	**1181**	1790	**1521**	2190	**1861**	2590	**2201**
600	**510**	1000	**850**	1400	**1190**	1800	**1530**	2200	**1870**	2600	**2210**
610	**518**	1010	**858**	1410	**1198**	1810	**1538**	2210	**1878**	2610	**2218**
620	**527**	1020	**867**	1420	**1207**	1820	**1547**	2220	**1887**	2620	**2227**
630	**535**	1030	**875**	1430	**1215**	1830	**1555**	2230	**1895**	2630	**2235**
640	**544**	1040	**884**	1440	**1224**	1840	**1564**	2240	**1904**	2640	**2244**
650	**552**	1050	**892**	1450	**1232**	1850	**1572**	2250	**1912**	2650	**2252**
660	**561**	1060	**901**	1460	**1241**	1860	**1581**	2260	**1921**	2660	**2261**
670	**569**	1070	**909**	1470	**1249**	1870	**1589**	2270	**1929**	2670	**2269**
680	**578**	1080	**918**	1480	**1258**	1880	**1598**	2280	**1938**	2680	**2278**
690	**586**	1090	**926**	1490	**1266**	1890	**1606**	2290	**1946**	2690	**2286**
700	**595**	1100	**935**	1500	**1275**	1900	**1615**	2300	**1955**	2700	**2295**
710	**603**	1110	**943**	1510	**1283**	1910	**1623**	2310	**1963**	2710	**2303**
720	**612**	1120	**952**	1520	**1292**	1920	**1632**	2320	**1972**	2720	**2312**
730	**620**	1130	**960**	1530	**1300**	1930	**1640**	2330	**1980**	2730	**2320**
740	**629**	1140	**969**	1540	**1309**	1940	**1649**	2340	**1989**	2740	**2329**
750	**637**	1150	**977**	1550	**1317**	1950	**1657**	2350	**1997**	2750	**2337**
760	**646**	1160	**986**	1560	**1326**	1960	**1666**	2360	**2006**	2760	**2346**
770	**654**	1170	**994**	1570	**1334**	1970	**1674**	2370	**2014**	2770	**2354**
780	**663**	1180	**1003**	1580	**1343**	1980	**1683**	2380	**2023**	2780	**2363**
790	**671**	1190	**1011**	1590	**1351**	1990	**1691**	2390	**2031**	2790	**2371**
800	**680**	1200	**1020**	1600	**1360**	2000	**1700**	2400	**2040**	2800	**2380**

2810	2388	3210	2728	3610	3068	4010	3408	4410	3748	4810	4088
2820	2397	3220	2737	3620	3077	4020	3417	4420	3757	4820	4097
2830	2405	3230	2745	3630	3085	4030	3425	4430	3765	4830	4105
2840	2414	3240	2754	3640	3094	4040	3434	4440	3774	4840	4114
2850	2422	3250	2762	3650	3102	4050	3442	4450	3782	4850	4122
2860	2431	3260	2771	3660	3111	4060	3451	4460	3791	4860	4131
2870	2439	3270	2779	3670	3119	4070	3459	4470	3799	4870	4139
2880	2448	3280	2788	3680	3128	4080	3468	4480	3808	4880	4148
2890	2456	3290	2796	3690	3136	4090	3476	4490	3816	4890	4156
2900	2465	3300	2805	3700	3145	4100	3485	4500	3825	4900	4165
2910	2473	3310	2813	3710	3153	4110	3493	4510	3833	4910	4173
2920	2482	3320	2822	3720	3162	4120	3502	4520	3842	4920	4182
2930	2490	3330	2830	3730	3170	4130	3510	4530	3850	4930	4190
2940	2499	3340	2839	3740	3179	4140	3519	4540	3859	4940	4199
2950	2507	3350	2847	3750	3187	4150	3527	4550	3867	4950	4207
2960	2516	3360	2856	3760	3196	4160	3536	4560	3876	4960	4216
2970	2524	3370	2864	3770	3204	4170	3544	4570	3884	4970	4224
2980	2533	3380	2873	3780	3213	4180	3553	4580	3893	4980	4233
2990	2541	3390	2881	3790	3221	4190	3561	4590	3901	4990	4241
3000	2550	3400	2890	3800	3230	4200	3570	4600	3910	5000	4250
3010	2558	3410	2898	3810	3238	4210	3578	4610	3918	5010	4258
3020	2567	3420	2907	3820	3247	4220	3587	4620	3927	5020	4267
3030	2575	3430	2915	3830	3255	4230	3595	4630	3935	5030	4275
3040	2584	3440	2924	3840	3264	4240	3604	4640	3944	5040	4284
3050	2592	3450	2932	3850	3272	4250	3612	4650	3952	5050	4292
3060	2601	3460	2941	3860	3281	4260	3621	4660	3961	5060	4301
3070	2609	3470	2949	3870	3289	4270	3629	4670	3969	5070	4309
3080	2618	3480	2958	3880	3298	4280	3638	4680	3978	5080	4318
3090	2626	3490	2966	3890	3306	4290	3646	4690	3986	5090	4326
3100	2635	3500	2975	3900	3315	4300	3655	4700	3995	5100	4335
3110	2643	3510	2983	3910	3323	4310	3663	4710	4003	5110	4343
3120	2652	3520	2992	3920	3332	4320	3672	4720	4012	5120	4352
3130	2660	3530	3000	3930	3340	4330	3680	4730	4020	5130	4360
3140	2669	3540	3009	3940	3349	4340	3689	4740	4029	5140	4369
3150	2677	3550	3017	3950	3357	4350	3697	4750	4037	5150	4377
3160	2686	3560	3026	3960	3366	4360	3706	4760	4046	5160	4386
3170	2694	3570	3034	3970	3374	4370	3714	4770	4054	5170	4394
3180	2703	3580	3043	3980	3383	4380	3723	4780	4063	5180	4403
3190	2711	3590	3051	3990	3391	4390	3731	4790	4071	5190	4411
3200	2720	3600	3060	4000	3400	4400	3740	4800	4080	5200	4420

16

410	**344**	810	**680**	1210	**1016**	1610	**1352**	2010	**1688**	2410	**2024**
420	**353**	820	**689**	1220	**1025**	1620	**1361**	2020	**1697**	2420	**2033**
430	**361**	830	**697**	1230	**1033**	1630	**1369**	2030	**1705**	2430	**2041**
440	**370**	840	**706**	1240	**1042**	1640	**1378**	2040	**1714**	2440	**2050**
450	**378**	850	**714**	1250	**1050**	1650	**1386**	2050	**1722**	2450	**2058**
460	**386**	860	**722**	1260	**1058**	1660	**1394**	2060	**1730**	2460	**2066**
470	**395**	870	**731**	1270	**1067**	1670	**1403**	2070	**1739**	2470	**2075**
480	**403**	880	**739**	1280	**1075**	1680	**1411**	2080	**1747**	2480	**2083**
490	**412**	890	**748**	1290	**1084**	1690	**1420**	2090	**1756**	2490	**2092**
500	**420**	900	**756**	1300	**1092**	1700	**1428**	2100	**1764**	2500	**2100**
510	**428**	910	**764**	1310	**1100**	1710	**1436**	2110	**1772**	2510	**2108**
520	**437**	920	**773**	1320	**1109**	1720	**1445**	2120	**1781**	2520	**2117**
530	**445**	930	**781**	1330	**1117**	1730	**1453**	2130	**1789**	2530	**2125**
540	**454**	940	**790**	1340	**1126**	1740	**1462**	2140	**1798**	2540	**2134**
550	**462**	950	**798**	1350	**1134**	1750	**1470**	2150	**1806**	2550	**2142**
560	**470**	960	**806**	1360	**1142**	1760	**1478**	2160	**1814**	2560	**2150**
570	**479**	970	**815**	1370	**1151**	1770	**1487**	2170	**1823**	2570	**2159**
580	**487**	980	**823**	1380	**1159**	1780	**1495**	2180	**1831**	2580	**2167**
590	**496**	990	**832**	1390	**1168**	1790	**1504**	2190	**1840**	2590	**2176**
600	**504**	1000	**840**	1400	**1176**	1800	**1512**	2200	**1848**	2600	**2184**
610	**512**	1010	**848**	1410	**1184**	1810	**1520**	2210	**1856**	2610	**2192**
620	**521**	1020	**857**	1420	**1193**	1820	**1529**	2220	**1865**	2620	**2201**
630	**529**	1030	**865**	1430	**1201**	1830	**1537**	2230	**1873**	2630	**2209**
640	**538**	1040	**874**	1440	**1210**	1840	**1546**	2240	**1882**	2640	**2218**
650	**546**	1050	**882**	1450	**1218**	1850	**1554**	2250	**1890**	2650	**2226**
660	**554**	1060	**890**	1460	**1226**	1860	**1562**	2260	**1898**	2660	**2234**
670	**563**	1070	**899**	1470	**1235**	1870	**1571**	2270	**1907**	2670	**2243**
680	**571**	1080	**907**	1480	**1243**	1880	**1579**	2280	**1915**	2680	**2251**
690	**580**	1090	**916**	1490	**1252**	1890	**1588**	2290	**1924**	2690	**2260**
700	**588**	1100	**924**	1500	**1260**	1900	**1596**	2300	**1932**	2700	**2268**
710	**596**	1110	**932**	1510	**1268**	1910	**1604**	2310	**1940**	2710	**2276**
720	**605**	1120	**941**	1520	**1277**	1920	**1613**	2320	**1949**	2720	**2285**
730	**613**	1130	**949**	1530	**1285**	1930	**1621**	2330	**1957**	2730	**2293**
740	**622**	1140	**958**	1540	**1294**	1940	**1630**	2340	**1966**	2740	**2302**
750	**630**	1150	**966**	1550	**1302**	1950	**1638**	2350	**1974**	2750	**2310**
760	**638**	1160	**974**	1560	**1310**	1960	**1646**	2360	**1982**	2760	**2318**
770	**647**	1170	**983**	1570	**1319**	1970	**1655**	2370	**1991**	2770	**2327**
780	**655**	1180	**991**	1580	**1327**	1980	**1663**	2380	**1999**	2780	**2335**
790	**664**	1190	**1000**	1590	**1336**	1990	**1672**	2390	**2008**	2790	**2344**
800	**672**	1200	**1008**	1600	**1344**	2000	**1680**	2400	**2016**	2800	**2352**

2810	**2360**	3210	**2696**	3610	**3032**	4010	**3368**	4410	**3704**	4810	**4040**
2820	**2369**	3220	**2705**	3620	**3041**	4020	**3377**	4420	**3713**	4820	**4049**
2830	**2377**	3230	**2713**	3630	**3049**	4030	**3385**	4430	**3721**	4830	**4057**
2840	**2386**	3240	**2722**	3640	**3058**	4040	**3394**	4440	**3730**	4840	**4066**
2850	**2394**	3250	**2730**	3650	**3066**	4050	**3402**	4450	**3738**	4850	**4074**
2860	**2402**	3260	**2738**	3660	**3074**	4060	**3410**	4460	**3746**	4860	**4082**
2870	**2411**	3270	**2747**	3670	**3083**	4070	**3419**	4470	**3755**	4870	**4091**
2880	**2419**	3280	**2755**	3680	**3091**	4080	**3427**	4480	**3763**	4880	**4099**
2890	**2428**	3290	**2764**	3690	**3100**	4090	**3436**	4490	**3772**	4890	**4108**
2900	**2436**	3300	**2772**	3700	**3108**	4100	**3444**	4500	**3780**	4900	**4116**
2910	**2444**	3310	**2780**	3710	**3116**	4110	**3452**	4510	**3788**	4910	**4124**
2920	**2453**	3320	**2789**	3720	**3125**	4120	**3461**	4520	**3797**	4920	**4133**
2930	**2461**	3330	**2797**	3730	**3133**	4130	**3469**	4530	**3805**	4930	**4141**
2940	**2470**	3340	**2806**	3740	**3142**	4140	**3478**	4540	**3814**	4940	**4150**
2950	**2478**	3350	**2814**	3750	**3150**	4150	**3486**	4550	**3822**	4950	**4158**
2960	**2486**	3360	**2822**	3760	**3158**	4160	**3494**	4560	**3830**	4960	**4166**
2970	**2495**	3370	**2831**	3770	**3167**	4170	**3503**	4570	**3839**	4970	**4175**
2980	**2503**	3380	**2839**	3780	**3175**	4180	**3511**	4580	**3847**	4980	**4183**
2990	**2512**	3390	**2848**	3790	**3184**	4190	**3520**	4590	**3856**	4990	**4192**
3000	**2520**	3400	**2856**	3800	**3192**	4200	**3528**	4600	**3864**	5000	**4200**
3010	**2528**	3410	**2864**	3810	**3200**	4210	**3536**	4610	**3872**	5010	**4208**
3020	**2537**	3420	**2873**	3820	**3209**	4220	**3545**	4620	**3881**	5020	**4217**
3030	**2545**	3430	**2881**	3830	**3217**	4230	**3553**	4630	**3889**	5030	**4225**
3040	**2554**	3440	**2890**	3840	**3226**	4240	**3562**	4640	**3898**	5040	**4234**
3050	**2562**	3450	**2898**	3850	**3234**	4250	**3570**	4650	**3906**	5050	**4242**
3060	**2570**	3460	**2906**	3860	**3242**	4260	**3578**	4660	**3914**	5060	**4250**
3070	**2579**	3470	**2915**	3870	**3251**	4270	**3587**	4670	**3923**	5070	**4259**
3080	**2587**	3480	**2923**	3880	**3259**	4280	**3595**	4680	**3931**	5080	**4267**
3090	**2596**	3490	**2932**	3890	**3268**	4290	**3604**	4690	**3940**	5090	**4276**
3100	**2604**	3500	**2940**	3900	**3276**	4300	**3612**	4700	**3948**	5100	**4284**
3110	**2612**	3510	**2948**	3910	**3284**	4310	**3620**	4710	**3956**	5110	**4292**
3120	**2621**	3520	**2957**	3920	**3293**	4320	**3629**	4720	**3965**	5120	**4301**
3130	**2629**	3530	**2965**	3930	**3301**	4330	**3637**	4730	**3973**	5130	**4309**
3140	**2638**	3540	**2974**	3940	**3310**	4340	**3646**	4740	**3982**	5140	**4318**
3150	**2646**	3550	**2982**	3950	**3318**	4350	**3654**	4750	**3990**	5150	**4326**
3160	**2654**	3560	**2990**	3960	**3326**	4360	**3662**	4760	**3998**	5160	**4334**
3170	**2663**	3570	**2999**	3970	**3335**	4370	**3671**	4770	**4007**	5170	**4343**
3180	**2671**	3580	**3007**	3980	**3343**	4380	**3679**	4780	**4015**	5180	**4351**
3190	**2680**	3590	**3016**	3990	**3352**	4390	**3688**	4790	**4024**	5190	**4360**
3200	**2688**	3600	**3024**	4000	**3360**	4400	**3696**	4800	**4032**	5200	**4368**

17

410	**340**	810	**672**	1210	**1004**	1610	**1336**	2010	**1668**	2410	**2000**
420	**349**	820	**681**	1220	**1013**	1620	**1345**	2020	**1677**	2420	**2009**
430	**357**	830	**689**	1230	**1021**	1630	**1353**	2030	**1685**	2430	**2017**
440	**365**	840	**697**	1240	**1029**	1640	**1361**	2040	**1693**	2440	**2025**
450	**373**	850	**705**	1250	**1037**	1650	**1369**	2050	**1701**	2450	**2033**
460	**382**	860	**714**	1260	**1046**	1660	**1378**	2060	**1710**	2460	**2042**
470	**390**	870	**722**	1270	**1054**	1670	**1386**	2070	**1718**	2470	**2050**
480	**398**	880	**730**	1280	**1062**	1680	**1394**	2080	**1726**	2480	**2058**
490	**407**	890	**739**	1290	**1071**	1690	**1403**	2090	**1735**	2490	**2067**
500	**415**	900	**747**	1300	**1079**	1700	**1411**	2100	**1743**	2500	**2075**
510	**423**	910	**755**	1310	**1087**	1710	**1419**	2110	**1751**	2510	**2083**
520	**432**	920	**764**	1320	**1096**	1720	**1428**	2120	**1760**	2520	**2092**
530	**440**	930	**772**	1330	**1104**	1730	**1436**	2130	**1768**	2530	**2100**
540	**448**	940	**780**	1340	**1112**	1740	**1444**	2140	**1776**	2540	**2108**
550	**456**	950	**788**	1350	**1120**	1750	**1452**	2150	**1784**	2550	**2116**
560	**465**	960	**797**	1360	**1129**	1760	**1461**	2160	**1793**	2560	**2125**
570	**473**	970	**805**	1370	**1137**	1770	**1469**	2170	**1801**	2570	**2133**
580	**481**	980	**813**	1380	**1145**	1780	**1477**	2180	**1809**	2580	**2141**
590	**490**	990	**822**	1390	**1154**	1790	**1486**	2190	**1818**	2590	**2150**
600	**498**	1000	**830**	1400	**1162**	1800	**1494**	2200	**1826**	2600	**2158**
610	**506**	1010	**838**	1410	**1170**	1810	**1502**	2210	**1834**	2610	**2166**
620	**515**	1020	**847**	1420	**1179**	1820	**1511**	2220	**1843**	2620	**2175**
630	**523**	1030	**855**	1430	**1187**	1830	**1519**	2230	**1851**	2630	**2183**
640	**531**	1040	**863**	1440	**1195**	1840	**1527**	2240	**1859**	2640	**2191**
650	**539**	1050	**871**	1450	**1203**	1850	**1535**	2250	**1867**	2650	**2199**
660	**548**	1060	**880**	1460	**1212**	1860	**1544**	2260	**1876**	2660	**2208**
670	**556**	1070	**888**	1470	**1220**	1870	**1552**	2270	**1884**	2670	**2216**
680	**564**	1080	**896**	1480	**1228**	1880	**1560**	2280	**1892**	2680	**2224**
690	**573**	1090	**905**	1490	**1237**	1890	**1569**	2290	**1901**	2690	**2233**
700	**581**	1100	**913**	1500	**1245**	1900	**1577**	2300	**1909**	2700	**2241**
710	**589**	1110	**921**	1510	**1253**	1910	**1585**	2310	**1917**	2710	**2249**
720	**598**	1120	**930**	1520	**1262**	1920	**1594**	2320	**1926**	2720	**2258**
730	**606**	1130	**938**	1530	**1270**	1930	**1602**	2330	**1934**	2730	**2266**
740	**614**	1140	**946**	1540	**1278**	1940	**1610**	2340	**1942**	2740	**2274**
750	**622**	1150	**954**	1550	**1286**	1950	**1618**	2350	**1950**	2750	**2282**
760	**631**	1160	**963**	1560	**1295**	1960	**1627**	2360	**1959**	2760	**2291**
770	**639**	1170	**971**	1570	**1303**	1970	**1635**	2370	**1967**	2770	**2299**
780	**647**	1180	**979**	1580	**1311**	1980	**1643**	2380	**1975**	2780	**2307**
790	**656**	1190	**988**	1560	**1320**	1990	**1652**	2390	**1984**	2790	**2316**
800	**664**	1200	**996**	1600	**1328**	2000	**1660**	2400	**1992**	2800	**2324**

2810	**2332**	3210	**2664**	3610	**2996**	4010	**3328**	4410	**3660**	4810	**3992**
2820	**2341**	3220	**2673**	3620	**3005**	4020	**3337**	4420	**3669**	4820	**4001**
2830	**2349**	3230	**2681**	3630	**3013**	4030	**3345**	4430	**3677**	4830	**4009**
2840	**2357**	3240	**2689**	3640	**3021**	4040	**3353**	4440	**3685**	4840	**4017**
2850	**2365**	3250	**2697**	3650	**3029**	4050	**3361**	4450	**3693**	4850	**4025**
2860	**2374**	3260	**2706**	3660	**3038**	4060	**3370**	4460	**3702**	4860	**4034**
2870	**2382**	3270	**2714**	3670	**3046**	4070	**3378**	4470	**3710**	4870	**4042**
2880	**2390**	3280	**2722**	3680	**3054**	4080	**3386**	4480	**3718**	4880	**4050**
2890	**2399**	3290	**2731**	3690	**3063**	4090	**3395**	4490	**3727**	4890	**4059**
2900	**2407**	3300	**2739**	3700	**3071**	4100	**3403**	4500	**3735**	4900	**4067**
2910	**2415**	3310	**2747**	3710	**3079**	4110	**3411**	4510	**3743**	4910	**4075**
2920	**2424**	3320	**2756**	3720	**3088**	4120	**3420**	4520	**3752**	4920	**4084**
2930	**2432**	3330	**2764**	3730	**3096**	4130	**3428**	4530	**3760**	4930	**4092**
2940	**2440**	3340	**2772**	3740	**3104**	4140	**3436**	4540	**3768**	4940	**4100**
2950	**2448**	3350	**2780**	3750	**3112**	4150	**3444**	4550	**3776**	4950	**4108**
2960	**2457**	3360	**2789**	3760	**3121**	4160	**3453**	4560	**3785**	4960	**4117**
2970	**2465**	3370	**2797**	3770	**3129**	4170	**3461**	4570	**3793**	4970	**4125**
2980	**2473**	3380	**2805**	3780	**3137**	4180	**3469**	4580	**3801**	4980	**4133**
2990	**2482**	3390	**2814**	3790	**3146**	4190	**3478**	4590	**3810**	4990	**4142**
3000	**2490**	3400	**2822**	3800	**3154**	4200	**3486**	4600	**3818**	5000	**4150**
3010	**2498**	3410	**2830**	3810	**3162**	4210	**3494**	4610	**3826**	5010	**4158**
3020	**2507**	3420	**2839**	3820	**3171**	4220	**3503**	4620	**3835**	5020	**4167**
3030	**2515**	3430	**2847**	3830	**3179**	4230	**3511**	4630	**3843**	5030	**4175**
3040	**2523**	3440	**2855**	3840	**3187**	4240	**3519**	4640	**3851**	5040	**4183**
3050	**2531**	3450	**2863**	3850	**3195**	4250	**3527**	4650	**3859**	5050	**4191**
3060	**2540**	3460	**2872**	3860	**3204**	4260	**3536**	4660	**3868**	5060	**4200**
3070	**2548**	3470	**2880**	3870	**3212**	4270	**3544**	4670	**3876**	5070	**4208**
3080	**2556**	3480	**2888**	3880	**3220**	4280	**3552**	4680	**3884**	5080	**4216**
3090	**2565**	3490	**2897**	3890	**3229**	4290	**3561**	4690	**3893**	5090	**4225**
3100	**2573**	3500	**2905**	3900	**3237**	4300	**3569**	4700	**3901**	5100	**4233**
3110	**2581**	3510	**2913**	3910	**3245**	4310	**3577**	4710	**3909**	5110	**4241**
3120	**2590**	3520	**2922**	3920	**3254**	4320	**3586**	4720	**3918**	5120	**4250**
3130	**2598**	3530	**2930**	3930	**3262**	4330	**3594**	4730	**3926**	5130	**4258**
3140	**2606**	3540	**2938**	3940	**3270**	4340	**3602**	4740	**3934**	5140	**4266**
3150	**2614**	3550	**2946**	3950	**3278**	4350	**3610**	4750	**3942**	5150	**4274**
3160	**2623**	3560	**2955**	3960	**3287**	4360	**3619**	4760	**3951**	5160	**4283**
3170	**2631**	3570	**2963**	3970	**3295**	4370	**3627**	4770	**3959**	5170	**4291**
3180	**2639**	3580	**2971**	3980	**3303**	4380	**3635**	4780	**3967**	5180	**4299**
3190	**2648**	3590	**2980**	3990	**3312**	4390	**3644**	4790	**3976**	5190	**4308**
3200	**2656**	3600	**2988**	4000	**3320**	4400	**3652**	4800	**3984**	5200	**4316**

18

410	336	810	664	1210	992	1610	1320	2010	1648	2410	1976
420	344	820	672	1220	1000	1620	1328	2020	1656	2420	1984
430	353	830	681	1230	1009	1630	1337	2030	1665	2430	1993
440	361	840	689	1240	1017	1640	1345	2040	1673	2440	2001
450	369	850	697	1250	1025	1650	1353	2050	1681	2450	2009
460	377	860	705	1260	1033	1660	1361	2060	1689	2460	2017
470	385	870	713	1270	1041	1670	1369	2070	1697	2470	2025
480	394	880	722	1280	1050	1680	1378	2080	1706	2480	2034
490	402	890	730	1290	1058	1690	1386	2090	1714	2490	2042
500	410	900	738	1300	1066	1700	1394	2100	1722	2500	2050
510	418	910	746	1310	1074	1710	1402	2110	1730	2510	2058
520	426	920	754	1320	1082	1720	1410	2120	1738	2520	2066
530	435	930	763	1330	1091	1730	1419	2130	1747	2530	2075
540	443	940	771	1340	1099	1740	1427	2140	1755	2540	2083
550	451	950	779	1350	1107	1750	1435	2150	1763	2550	2091
560	459	960	787	1360	1115	1760	1443	2160	1771	2560	2099
570	467	970	795	1370	1123	1770	1451	2170	1779	2570	2107
580	476	980	804	1380	1132	1780	1460	2180	1788	2580	2116
590	484	990	812	1390	1140	1790	1468	2190	1796	2590	2124
600	492	1000	820	1400	1148	1800	1476	2200	1804	2600	2132
610	500	1010	828	1410	1156	1810	1484	2210	1812	2610	2140
620	508	1020	836	1420	1164	1820	1492	2220	1820	2620	2148
630	517	1030	845	1430	1173	1830	1501	2230	1829	2630	2157
640	525	1040	853	1440	1181	1840	1509	2240	1837	2640	2165
650	533	1050	861	1450	1189	1850	1517	2250	1845	2650	2173
660	541	1060	869	1460	1197	1860	1525	2260	1853	2660	2181
670	549	1070	877	1470	1205	1870	1533	2270	1861	2670	2189
680	558	1080	886	1480	1214	1880	1542	2280	1870	2680	2198
690	566	1090	894	1490	1222	1890	1550	2290	1878	2690	2206
700	574	1100	902	1500	1230	1900	1558	2300	1886	2700	2214
710	582	1110	910	1510	1238	1910	1566	2310	1894	2710	2222
720	590	1120	918	1520	1246	1920	1574	2320	1902	2720	2230
730	599	1130	927	1530	1255	1930	1583	2330	1911	2730	2239
740	607	1140	935	1540	1263	1940	1591	2340	1919	2740	2247
750	615	1150	943	1550	1271	1950	1599	2350	1927	2750	2255
760	623	1160	951	1560	1279	1960	1607	2360	1935	2760	2263
770	631	1170	959	1570	1287	1970	1615	2370	1943	2770	2271
780	640	1180	968	1580	1296	1980	1624	2380	1952	2780	2280
790	648	1190	976	1590	1304	1990	1632	2390	1960	2790	2288
800	656	1200	984	1600	1312	2000	1640	2400	1968	2800	2296

2810	2304	3210	2632	3610	2960	4010	3288	4410	3616	4810	3944
2820	2312	3220	2640	3620	2968	4020	3296	4420	3624	4820	3952
2830	2321	3230	2649	3630	2977	4030	3305	4430	3633	4830	3961
2840	2329	3240	2657	3640	2985	4040	3313	4440	3641	4840	3969
2850	2337	3250	2665	3650	2993	4050	3321	4450	3649	4850	3977
2860	2345	3260	2673	3660	3001	4060	3329	4460	3657	4860	3985
2870	2353	3270	2681	3670	3009	4070	3337	4470	3665	4870	3993
2880	2362	3280	2690	3680	3018	4080	3346	4480	3674	4880	4002
2890	2370	3290	2698	3690	3026	4090	3354	4490	3682	4890	4010
2900	2378	3300	2706	3700	3034	4100	3362	4500	3690	4900	4018
2910	2386	3310	2714	3710	3042	4110	3370	4510	3698	4910	4026
2920	2394	3320	2722	3720	3050	4120	3378	4520	3706	4920	4034
2930	2403	3330	2731	3730	3059	4130	3387	4530	3715	4930	4043
2940	2411	3340	2739	3740	3067	4140	3395	4540	3723	4940	4051
2950	2419	3350	2747	3750	3075	4150	3403	4550	3731	4950	4059
2960	2427	3360	2755	3760	3083	4160	3411	4560	3739	4960	4067
2970	2435	3370	2763	3770	3091	4170	3419	4570	3747	4970	4075
2980	2444	3380	2772	3780	3100	4180	3428	4580	3756	4980	4084
2990	2452	3390	2780	3790	3108	4190	3436	4590	3764	4990	4092
3000	2460	3400	2788	3800	3116	4200	3444	4600	3772	5000	4100
3010	2468	3410	2796	3810	3124	4210	3452	4610	3780	5010	4108
3020	2476	3420	2804	3820	3132	4220	3460	4620	3788	5020	4116
3030	2485	3430	2813	3830	3141	4230	3469	4630	3797	5030	4125
3040	2493	3440	2821	3840	3149	4240	3477	4640	3805	5040	4133
3050	2501	3450	2829	3850	3157	4250	3485	4650	3813	5050	4141
3060	2509	3460	2837	3860	3165	4260	3493	4660	3821	5060	4149
3070	2517	3470	2845	3870	3173	4270	3501	4670	3829	5070	4157
3080	2526	3480	2854	3880	3182	4280	3510	4680	3838	5080	4166
3090	2534	3490	2862	3890	3190	4290	3518	4690	3846	5090	4174
3100	2542	3500	2870	3900	3198	4300	3526	4700	3854	5100	4182
3110	2550	3510	2878	3910	3206	4310	3534	4710	3862	5110	4190
3120	2558	3520	2886	3920	3214	4320	3542	4720	3870	5120	4198
3130	2567	3530	2895	3930	3223	4330	3551	4730	3879	5130	4207
3140	2575	3540	2903	3940	3231	4340	3559	4740	3887	5140	4215
3150	2583	3550	2911	3950	3239	4350	3567	4750	3895	5150	4223
3160	2591	3560	2919	3960	3247	4360	3575	4760	3903	5160	4231
3170	2599	3570	2927	3970	3255	4370	3583	4770	3911	5170	4239
3180	2608	3580	2936	3980	3264	4380	3592	4780	3920	5180	4248
3190	2616	3590	2944	3990	3272	4390	3600	4790	3928	5190	4256
3200	2624	3600	2952	4000	3280	4400	3608	4800	3936	5200	4264

19

410	332	810	656	1210	980	1610	1304	2010	1628	2410	1952
420	340	820	664	1220	988	1620	1312	2020	1636	2420	1960
430	348	830	672	1230	996	1630	1320	2030	1644	2430	1968
440	356	840	680	1240	1004	1640	1328	2040	1652	2440	1976
450	364	850	688	1250	1012	1650	1336	2050	1660	2450	1984
460	373	860	697	1260	1021	1660	1345	2060	1669	2460	1993
470	381	870	705	1270	1029	1670	1353	2070	1677	2470	2001
480	389	880	713	1280	1037	1680	1361	2080	1685	2480	2009
490	397	890	721	1290	1045	1690	1369	2090	1693	2490	2017
500	405	900	729	1300	1053	1700	1377	2100	1701	2500	2025
510	413	910	737	1310	1061	1710	1385	2110	1709	2510	2033
520	421	920	745	1320	1069	1720	1393	2120	1717	2520	2041
530	429	930	753	1330	1077	1730	1401	2130	1725	2530	2049
540	437	940	761	1340	1085	1740	1409	2140	1733	2540	2057
550	445	950	769	1350	1093	1750	1417	2150	1741	2550	2065
560	454	960	778	1360	1102	1760	1426	2160	1750	2560	2074
570	462	970	786	1370	1110	1770	1434	2170	1758	2570	2082
580	470	980	794	1380	1118	1780	1442	2180	1766	2580	2090
590	478	990	802	1390	1126	1790	1450	2190	1774	2590	2098
600	486	1000	810	1400	1134	1800	1458	2200	1782	2600	2106
610	494	1010	818	1410	1142	1810	1466	2210	1790	2610	2114
620	502	1020	826	1420	1150	1820	1474	2220	1798	2620	2122
630	510	1030	834	1430	1158	1830	1482	2230	1806	2630	2130
640	518	1040	842	1440	1166	1840	1490	2240	1814	2640	2138
650	526	1050	850	1450	1174	1850	1498	2250	1822	2650	2146
660	535	1060	859	1460	1183	1860	1507	2260	1831	2660	2155
670	543	1070	867	1470	1191	1870	1515	2270	1839	2670	2163
680	551	1080	875	1480	1199	1880	1523	2280	1847	2680	2171
690	559	1090	883	1490	1207	1890	1531	2290	1855	2690	2179
700	567	1100	891	1500	1215	1900	1539	2300	1863	2700	2187
710	575	1110	899	1510	1223	1910	1547	2310	1871	2710	2195
720	583	1120	907	1520	1231	1920	1555	2320	1879	2720	2203
730	591	1130	915	1530	1239	1930	1563	2330	1887	2730	2211
740	599	1140	923	1540	1247	1940	1571	2340	1895	2740	2219
750	607	1150	931	1550	1255	1950	1579	2350	1903	2750	2227
760	616	1160	940	1560	1264	1960	1588	2360	1912	2760	2236
770	624	1170	948	1570	1272	1970	1596	2370	1920	2770	2244
780	632	1180	956	1580	1280	1980	1604	2380	1928	2780	2252
790	640	1190	964	1590	1288	1990	1612	2390	1936	2790	2260
800	648	1200	972	1600	1296	2000	1620	2400	1944	2800	2268

2810	**2276**	3210	**2600**	3610	**2924**	4010	**3248**	4410	**3572**	4810	**3896**
2820	**2284**	3220	**2608**	3620	**2932**	4020	**3256**	4420	**3580**	4820	**3904**
2830	**2292**	3230	**2616**	3630	**2940**	4030	**3264**	4430	**3588**	4830	**3912**
2840	**2300**	3240	**2624**	3640	**2948**	4040	**3272**	4440	**3596**	4840	**3920**
2850	**2308**	3250	**2632**	3650	**2956**	4050	**3280**	4450	**3604**	4850	**3928**
2860	**2317**	3260	**2641**	3660	**2965**	4060	**3289**	4460	**3613**	4860	**3937**
2870	**2325**	3270	**2649**	3670	**2973**	4070	**3297**	4470	**3621**	4870	**3945**
2880	**2333**	3280	**2657**	3680	**2981**	4080	**3305**	4480	**3629**	4880	**3953**
2890	**2341**	3290	**2665**	3690	**2989**	4090	**3313**	4490	**3637**	4890	**3961**
2900	**2349**	3300	**2673**	3700	**2997**	4100	**3321**	4500	**3645**	4900	**3969**
2910	**2357**	3310	**2681**	3710	**3005**	4110	**3329**	4510	**3653**	4910	**3977**
2920	**2365**	3320	**2689**	3720	**3013**	4120	**3337**	4520	**3661**	4920	**3985**
2930	**2373**	3330	**2697**	3730	**3021**	4130	**3345**	4530	**3669**	4930	**3993**
2940	**2381**	3340	**2705**	3740	**3029**	4140	**3353**	4540	**3677**	4940	**4001**
2950	**2389**	3350	**2713**	3750	**3037**	4150	**3361**	4550	**3685**	4950	**4009**
2960	**2398**	3360	**2722**	3760	**3046**	4160	**3370**	4560	**3694**	4960	**4018**
2970	**2406**	3370	**2730**	3770	**3054**	4170	**3378**	4570	**3702**	4970	**4026**
2980	**2414**	3380	**2738**	3780	**3062**	4180	**3386**	4580	**3710**	4980	**4034**
2990	**2422**	3390	**2746**	3790	**3070**	4190	**3394**	4590	**3718**	4990	**4042**
3000	**2430**	3400	**2754**	3800	**3078**	4200	**3402**	4600	**3726**	5000	**4050**
3010	**2438**	3410	**2762**	3810	**3086**	4210	**3410**	4610	**3734**	5010	**4058**
3020	**2446**	3420	**2770**	3820	**3094**	4220	**3418**	4620	**3742**	5020	**4066**
3030	**2454**	3430	**2778**	3830	**3102**	4230	**3426**	4630	**3750**	5030	**4074**
3040	**2462**	3440	**2786**	3840	**3110**	4240	**3434**	4640	**3758**	5040	**4082**
3050	**2470**	3450	**2794**	3850	**3118**	4250	**3442**	4650	**3766**	5050	**4090**
3060	**2479**	3460	**2803**	3860	**3127**	4260	**3451**	4660	**3775**	5060	**4099**
3070	**2487**	3470	**2811**	3870	**3135**	4270	**3459**	4670	**3783**	5070	**4107**
3080	**2495**	3480	**2819**	3880	**3143**	4280	**3467**	4680	**3791**	5080	**4115**
3090	**2503**	3490	**2827**	3890	**3151**	4290	**3475**	4690	**3799**	5090	**4123**
3100	**2511**	3500	**2835**	3900	**3159**	4300	**3483**	4700	**3807**	5100	**4131**
3110	**2519**	3510	**2843**	3910	**3167**	4310	**3491**	4710	**3815**	5110	**4139**
3120	**2527**	3520	**2851**	3920	**3175**	4320	**3499**	4720	**3823**	5120	**4147**
3130	**2535**	3530	**2859**	3930	**3183**	4330	**3507**	4730	**3831**	5130	**4155**
3140	**2543**	3540	**2867**	3940	**3191**	4340	**3515**	4740	**3839**	5140	**4163**
3150	**2551**	3550	**2875**	3950	**3199**	4350	**3523**	4750	**3847**	5150	**4171**
3160	**2560**	3560	**2884**	3960	**3208**	4360	**3532**	4760	**3856**	5160	**4180**
3170	**2568**	3570	**2892**	3970	**3216**	4370	**3540**	4770	**3864**	5170	**4188**
3180	**2576**	3580	**2900**	3980	**3224**	4380	**3548**	4780	**3872**	5180	**4196**
3190	**2584**	3590	**2908**	3990	**3232**	4390	**3556**	4790	**3880**	5190	**4204**
3200	**2592**	3600	**2916**	4000	**3240**	4400	**3564**	4800	**3888**	5200	**4212**

20

410	328	810	648	1210	968	1610	1288	2010	1608	2410	1928
420	336	820	656	1220	976	1620	1296	2020	1616	2420	1936
430	344	830	664	1230	984	1630	1304	2030	1624	2430	1944
440	352	840	672	1240	992	1640	1312	2040	1632	2440	1952
450	360	850	680	1250	1000	1650	1320	2050	1640	2450	1960
460	368	860	688	1260	1008	1660	1328	2060	1648	2460	1968
470	376	870	696	1270	1016	1670	1336	2070	1656	2470	1976
480	384	880	704	1280	1024	1680	1344	2080	1664	2480	1984
490	392	890	712	1290	1032	1690	1352	2090	1672	2490	1992
500	400	900	720	1300	1040	1700	1360	2100	1680	2500	2000
510	408	910	728	1310	1048	1710	1368	2110	1688	2510	2008
520	416	920	736	1320	1056	1720	1376	2120	1696	2520	2016
530	424	930	744	1330	1064	1730	1384	2130	1704	2530	2024
540	432	940	752	1340	1072	1740	1392	2140	1712	2540	2032
550	440	950	760	1350	1080	1750	1400	2150	1720	2550	2040
560	448	960	768	1360	1088	1760	1408	2160	1728	2560	2048
570	456	970	776	1370	1096	1770	1416	2170	1736	2570	2056
580	464	980	784	1380	1104	1780	1424	2180	1744	2580	2064
590	472	990	792	1390	1112	1790	1432	2190	1752	2590	2072
600	480	1000	800	1400	1120	1800	1440	2200	1760	2600	2080
610	488	1010	808	1410	1128	1810	1448	2210	1768	2610	2088
620	496	1020	816	1420	1136	1820	1456	2220	1776	2620	2096
630	504	1030	824	1430	1144	1830	1464	2230	1784	2630	2104
640	512	1040	832	1440	1152	1840	1472	2240	1792	2640	2112
650	520	1050	840	1450	1160	1850	1480	2250	1800	2650	2120
660	528	1060	848	1460	1168	1860	1488	2260	1808	2660	2128
670	536	1070	856	1470	1176	1870	1496	2270	1816	2670	2136
680	544	1080	864	1480	1184	1880	1504	2280	1824	2680	2144
690	552	1090	872	1490	1192	1890	1512	2290	1832	2690	2152
700	560	1100	880	1500	1200	1900	1520	2300	1840	2700	2160
710	568	1110	888	1510	1208	1910	1528	2310	1848	2710	2168
720	576	1120	896	1520	1216	1920	1536	2320	1856	2720	2176
730	584	1130	904	1530	1224	1930	1544	2330	1864	2730	2184
740	592	1140	912	1540	1232	1940	1552	2340	1872	2740	2192
750	600	1150	920	1550	1240	1950	1560	2350	1880	2750	2200
760	608	1160	928	1560	1248	1960	1568	2360	1888	2760	2208
770	616	1170	936	1570	1256	1970	1576	2370	1896	2770	2216
780	624	1180	944	1580	1264	1980	1584	2380	1904	2780	2224
790	632	1190	952	1590	1272	1990	1592	2390	1912	2790	2232
800	640	1200	960	1600	1280	2000	1600	2400	1920	2800	2240

2810	**2248**	3210	**2568**	3610	**2888**	4010	**3208**	4410	**3528**	4810	**3848**
2820	**2256**	3220	**2576**	3620	**2896**	4020	**3216**	4420	**3536**	4820	**3856**
2830	**2264**	3230	**2584**	3630	**2904**	4030	**3224**	4430	**3544**	4830	**3864**
2840	**2272**	3240	**2592**	3640	**2912**	4040	**3232**	4440	**3552**	4840	**3872**
2850	**2280**	3250	**2600**	3650	**2920**	4050	**3240**	4450	**3560**	4850	**3880**
2860	**2288**	3260	**2608**	3660	**2928**	4060	**3248**	4460	**3568**	4860	**3888**
2870	**2296**	3270	**2616**	3670	**2936**	4070	**3256**	4470	**3576**	4870	**3896**
2880	**2304**	3280	**2624**	3680	**2944**	4080	**3264**	4480	**3584**	4880	**3904**
2890	**2312**	3290	**2632**	3690	**2952**	4090	**3272**	4490	**3592**	4890	**3912**
2900	**2320**	3300	**2640**	3700	**2960**	4100	**3280**	4500	**3600**	4900	**3920**
2910	**2328**	3310	**2648**	3710	**2968**	4110	**3288**	4510	**3608**	4910	**3928**
2920	**2336**	3320	**2656**	3720	**2976**	4120	**3296**	4520	**3616**	4920	**3936**
2930	**2344**	3330	**2664**	3730	**2984**	4130	**3304**	4530	**3624**	4930	**3944**
2940	**2352**	3340	**2672**	3740	**2992**	4140	**3312**	4540	**3632**	4940	**3952**
2950	**2360**	3350	**2680**	3750	**3000**	4150	**3320**	4550	**3640**	4950	**3960**
2960	**2368**	3360	**2688**	3760	**3008**	4160	**3328**	4560	**3648**	4960	**3968**
2970	**2376**	3370	**2696**	3770	**3016**	4170	**3336**	4570	**3656**	4970	**3976**
2980	**2384**	3380	**2704**	3780	**3024**	4180	**3344**	4580	**3664**	4980	**3984**
2990	**2392**	3390	**2712**	3790	**3032**	4190	**3352**	4590	**3672**	4990	**3992**
3000	**2400**	3400	**2720**	3800	**3040**	4200	**3360**	4600	**3680**	5000	**4000**
3010	**2408**	3410	**2728**	3810	**3048**	4210	**3368**	4610	**3688**	5010	**4008**
3020	**2416**	3420	**2736**	3820	**3056**	4220	**3376**	4620	**3696**	5020	**4016**
3030	**2424**	3430	**2744**	3830	**3064**	4230	**3384**	4630	**3704**	5030	**4024**
3040	**2432**	3440	**2752**	3840	**3072**	4240	**3392**	4640	**3712**	5040	**4032**
3050	**2440**	3450	**2760**	3850	**3080**	4250	**3400**	4650	**3720**	5050	**4040**
3060	**2448**	3460	**2768**	3860	**3088**	4260	**3408**	4660	**3728**	5060	**4048**
3070	**2456**	3470	**2776**	3870	**3096**	4270	**3416**	4670	**3736**	5070	**4056**
3080	**2464**	3480	**2784**	3880	**3104**	4280	**3424**	4680	**3744**	5080	**4064**
3090	**2472**	3490	**2792**	3890	**3112**	4290	**3432**	4690	**3752**	5090	**4072**
3100	**2480**	3500	**2800**	3900	**3120**	4300	**3440**	4700	**3760**	5100	**4080**
3110	**2488**	3510	**2808**	3910	**3128**	4310	**3448**	4710	**3768**	5110	**4088**
3120	**2496**	3520	**2816**	3920	**3136**	4320	**3456**	4720	**3776**	5120	**4096**
3130	**2504**	3530	**2824**	3930	**3144**	4330	**3464**	4730	**3784**	5130	**4104**
3140	**2512**	3540	**2832**	3940	**3152**	4340	**3472**	4740	**3792**	5140	**4112**
3150	**2520**	3550	**2840**	3950	**3160**	4350	**3480**	4750	**3800**	5150	**4120**
3160	**2528**	3560	**2848**	3960	**3168**	4360	**3488**	4760	**3808**	5160	**4128**
3170	**2536**	3570	**2856**	3970	**3176**	4370	**3496**	4770	**3816**	5170	**4136**
3180	**2544**	3580	**2864**	3980	**3184**	4380	**3504**	4780	**3824**	5180	**4144**
3190	**2552**	3590	**2872**	3990	**3192**	4390	**3512**	4790	**3832**	5190	**4152**
3200	**2560**	3600	**2880**	4000	**3200**	4400	**3520**	4800	**3840**	5200	**4160**

21

410	**324**	810	**640**	1210	**956**	1610	**1272**	2010	**1588**	2410	**1904**
420	**332**	820	**648**	1220	**964**	1620	**1280**	2020	**1596**	2420	**1912**
430	**340**	830	**656**	1230	**972**	1630	**1288**	2030	**1604**	2430	**1920**
440	**348**	840	**664**	1240	**980**	1640	**1296**	2040	**1612**	2440	**1928**
450	**355**	850	**671**	1250	**987**	1650	**1303**	2050	**1619**	2450	**1935**
460	**363**	860	**679**	1260	**995**	1660	**1311**	2060	**1627**	2460	**1943**
470	**371**	870	**687**	1270	**1003**	1670	**1319**	2070	**1635**	2470	**1951**
480	**379**	880	**695**	1280	**1011**	1680	**1327**	2080	**1643**	2480	**1959**
490	**387**	890	**703**	1290	**1019**	1690	**1335**	2090	**1651**	2490	**1967**
500	**395**	900	**711**	1300	**1027**	1700	**1343**	2100	**1659**	2500	**1975**
510	**403**	910	**719**	1310	**1035**	1710	**1351**	2110	**1667**	2510	**1983**
520	**411**	920	**727**	1320	**1043**	1720	**1359**	2120	**1675**	2520	**1991**
530	**419**	930	**735**	1330	**1051**	1730	**1367**	2130	**1683**	2530	**1999**
540	**427**	940	**743**	1340	**1059**	1740	**1375**	2140	**1691**	2540	**2007**
550	**434**	950	**750**	1350	**1066**	1750	**1382**	2150	**1698**	2550	**2014**
560	**442**	960	**758**	1360	**1074**	1760	**1390**	2160	**1706**	2560	**2022**
570	**450**	970	**766**	1370	**1082**	1770	**1398**	2170	**1714**	2570	**2030**
580	**458**	980	**774**	1380	**1090**	1780	**1406**	2180	**1722**	2580	**2038**
590	**466**	990	**782**	1390	**1098**	1790	**1414**	2190	**1730**	2590	**2046**
600	**474**	1000	**790**	1400	**1106**	1800	**1422**	2200	**1738**	2600	**2054**
610	**482**	1010	**798**	1410	**1114**	1810	**1430**	2210	**1746**	2610	**2062**
620	**490**	1020	**806**	1420	**1122**	1820	**1438**	2220	**1754**	2620	**2070**
630	**498**	1030	**814**	1430	**1130**	1830	**1446**	2230	**1762**	2630	**2078**
640	**506**	1040	**822**	1440	**1138**	1840	**1454**	2240	**1770**	2640	**2086**
650	**513**	1050	**829**	1450	**1145**	1850	**1461**	2250	**1777**	2650	**2093**
660	**521**	1060	**837**	1460	**1153**	1860	**1469**	2260	**1785**	2660	**2101**
670	**529**	1070	**845**	1470	**1161**	1870	**1477**	2270	**1793**	2670	**2109**
680	**537**	1080	**853**	1480	**1169**	1880	**1485**	2280	**1801**	2680	**2117**
690	**545**	1090	**861**	1490	**1177**	1890	**1493**	2290	**1809**	2690	**2125**
700	**553**	1100	**869**	1500	**1185**	1900	**1501**	2300	**1817**	2700	**2133**
710	**561**	1110	**877**	1510	**1193**	1910	**1509**	2310	**1825**	2710	**2141**
720	**569**	1120	**885**	1520	**1201**	1920	**1517**	2320	**1833**	2720	**2149**
730	**577**	1130	**893**	1530	**1209**	1930	**1525**	2330	**1841**	2730	**2157**
740	**585**	1140	**901**	1540	**1217**	1940	**1533**	2340	**1849**	2740	**2165**
750	**592**	1150	**908**	1550	**1224**	1950	**1540**	2350	**1856**	2750	**2172**
760	**600**	1160	**916**	1560	**1232**	1960	**1548**	2360	**1864**	2760	**2180**
770	**608**	1170	**924**	1570	**1240**	1970	**1556**	2370	**1872**	2770	**2188**
780	**616**	1180	**932**	1580	**1248**	1980	**1564**	2380	**1880**	2780	**2196**
790	**624**	1190	**940**	1590	**1256**	1990	**1572**	2390	**1888**	2790	**2204**
800	**632**	1200	**948**	1600	**1264**	2000	**1580**	2400	**1896**	2800	**2212**

2810	**2220**	3210	**2536**	3610	**2852**	4010	**3168**	4410	**3484**	4810	**3800**
2820	**2228**	3220	**2544**	3620	**2860**	4020	**3176**	4420	**3492**	4820	**3808**
2830	**2236**	3230	**2552**	3630	**2868**	4030	**3184**	4430	**3500**	4830	**3816**
2840	**2244**	3240	**2560**	3640	**2876**	4040	**3192**	4440	**3508**	4840	**3824**
2850	**2251**	3250	**2567**	3650	**2883**	4050	**3199**	4450	**3515**	4850	**3831**
2860	**2259**	3260	**2575**	3660	**2891**	4060	**3207**	4460	**3523**	4860	**3839**
2870	**2267**	3270	**2583**	3670	**2899**	4070	**3215**	4470	**3531**	4870	**3847**
2880	**2275**	3280	**2591**	3680	**2907**	4080	**3223**	4480	**3539**	4880	**3855**
2890	**2283**	3290	**2599**	3690	**2915**	4090	**3231**	4490	**3547**	4890	**3863**
2900	**2291**	3300	**2607**	3700	**2923**	4100	**3239**	4500	**3555**	4900	**3871**
2910	**2299**	3310	**2615**	3710	**2931**	4110	**3247**	4510	**3563**	4910	**3879**
2920	**2307**	3320	**2623**	3720	**2939**	4120	**3255**	4520	**3571**	4920	**3887**
2930	**2315**	3330	**2631**	3730	**2947**	4130	**3263**	4530	**3579**	4930	**3895**
2940	**2323**	3340	**2639**	3740	**2955**	4140	**3271**	4540	**3587**	4940	**3903**
2950	**2330**	3350	**2646**	3750	**2962**	4150	**3278**	4550	**3594**	4950	**3910**
2960	**2338**	3360	**2654**	3760	**2970**	4160	**3286**	4560	**3602**	4960	**3918**
2970	**2346**	3370	**2662**	3770	**2978**	4170	**3294**	4570	**3610**	4970	**3926**
2980	**2354**	3380	**2670**	3780	**2986**	4180	**3302**	4580	**3618**	4980	**3934**
2990	**2362**	3390	**2678**	3790	**2994**	4190	**3310**	4590	**3626**	4990	**3942**
3000	**2370**	3400	**2686**	3800	**3002**	4200	**3318**	4600	**3634**	5000	**3950**
3010	**2378**	3410	**2694**	3810	**3010**	4210	**3326**	4610	**3642**	5010	**3958**
3020	**2386**	3420	**2702**	3820	**3018**	4220	**3334**	4620	**3650**	5020	**3966**
3030	**2394**	3430	**2710**	3830	**3026**	4230	**3342**	4630	**3658**	5030	**3974**
3040	**2402**	3440	**2718**	3840	**3034**	4240	**3350**	4640	**3666**	5040	**3982**
3050	**2409**	3450	**2725**	3850	**3041**	4250	**3357**	4650	**3673**	5050	**3989**
3060	**2417**	3460	**2733**	3860	**3049**	4260	**3365**	4660	**3681**	5060	**3997**
3070	**2425**	3470	**2741**	3870	**3057**	4270	**3373**	4670	**3689**	5070	**4005**
3080	**2433**	3480	**2749**	3880	**3065**	4280	**3381**	4680	**3697**	5080	**4013**
3090	**2441**	3490	**2757**	3890	**3073**	4290	**3389**	4690	**3705**	5090	**4021**
3100	**2449**	3500	**2765**	3900	**3081**	4300	**3397**	4700	**3713**	5100	**4029**
3110	**2457**	3510	**2773**	3910	**3089**	4310	**3405**	4710	**3721**	5110	**4037**
3120	**2465**	3520	**2781**	3920	**3097**	4320	**3413**	4720	**3729**	5120	**4045**
3130	**2473**	3530	**2789**	3930	**3105**	4330	**3421**	4730	**3737**	5130	**4053**
3140	**2481**	3540	**2797**	3940	**3113**	4340	**3429**	4740	**3745**	5140	**4061**
3150	**2488**	3550	**2804**	3950	**3120**	4350	**3436**	4750	**3752**	5150	**4068**
3160	**2496**	3560	**2812**	3960	**3128**	4360	**3444**	4760	**3760**	5160	**4076**
3170	**2504**	3570	**2820**	3970	**3136**	4370	**3452**	4770	**3768**	5170	**4084**
3180	**2512**	3580	**2828**	3980	**3144**	4380	**3460**	4780	**3776**	5180	**4092**
3190	**2520**	3590	**2836**	3990	**3152**	4390	**3468**	4790	**3784**	5190	**4100**
3200	**2528**	3600	**2844**	4000	**3160**	4400	**3476**	4800	**3792**	5200	**4108**

22

410	**320**	810	**632**	1210	**944**	1610	**1256**	2010	**1568**	2410	**1880**
420	**328**	820	**640**	1220	**952**	1620	**1264**	2020	**1576**	2420	**1888**
430	**335**	830	**647**	1230	**959**	1630	**1271**	2030	**1583**	2430	**1895**
440	**343**	840	**655**	1240	**967**	1640	**1279**	2040	**1591**	2440	**1903**
450	**351**	850	**663**	1250	**975**	1650	**1287**	2050	**1599**	2450	**1911**
460	**359**	860	**671**	1260	**983**	1660	**1295**	2060	**1607**	2460	**1919**
470	**367**	870	**679**	1270	**991**	1670	**1303**	2070	**1615**	2470	**1927**
480	**374**	880	**686**	1280	**998**	1680	**1310**	2080	**1622**	2480	**1934**
490	**382**	890	**694**	1290	**1006**	1690	**1318**	2090	**1630**	2490	**1942**
500	**390**	900	**702**	1300	**1014**	1700	**1326**	2100	**1638**	2500	**1950**
510	**398**	910	**710**	1310	**1022**	1710	**1334**	2110	**1646**	2510	**1958**
520	**406**	920	**718**	1320	**1030**	1720	**1342**	2120	**1654**	2520	**1966**
530	**413**	930	**725**	1330	**1037**	1730	**1349**	2130	**1661**	2530	**1973**
540	**421**	940	**733**	1340	**1045**	1740	**1357**	2140	**1669**	2540	**1981**
550	**429**	950	**741**	1350	**1053**	1750	**1365**	2150	**1677**	2550	**1989**
560	**437**	960	**749**	1360	**1061**	1760	**1373**	2160	**1685**	2560	**1997**
570	**445**	970	**757**	1370	**1069**	1770	**1381**	2170	**1693**	2570	**2005**
580	**452**	980	**764**	1380	**1076**	1780	**1388**	2180	**1700**	2580	**2012**
590	**460**	990	**772**	1390	**1084**	1790	**1396**	2190	**1708**	2590	**2020**
600	**468**	1000	**780**	1400	**1092**	1800	**1404**	2200	**1716**	2600	**2028**
610	**476**	1010	**788**	1410	**1100**	1810	**1412**	2210	**1724**	2610	**2036**
620	**484**	1020	**796**	1420	**1108**	1820	**1420**	2220	**1732**	2620	**2044**
630	**491**	1030	**803**	1430	**1115**	1830	**1427**	2230	**1739**	2630	**2051**
640	**499**	1040	**811**	1440	**1123**	1840	**1435**	2240	**1747**	2640	**2059**
650	**507**	1050	**819**	1450	**1131**	1850	**1443**	2250	**1755**	2650	**2067**
660	**515**	1060	**827**	1460	**1139**	1860	**1451**	2260	**1763**	2660	**2075**
670	**523**	1070	**835**	1470	**1147**	1870	**1459**	2270	**1771**	2670	**2083**
680	**530**	1080	**842**	1480	**1154**	1880	**1466**	2280	**1778**	2680	**2090**
690	**538**	1090	**850**	1490	**1162**	1890	**1474**	2290	**1786**	2690	**2098**
700	**546**	1100	**858**	1500	**1170**	1900	**1482**	2300	**1794**	2700	**2106**
710	**554**	1110	**866**	1510	**1178**	1910	**1490**	2310	**1802**	2710	**2114**
720	**562**	1120	**874**	1520	**1186**	1920	**1498**	2320	**1810**	2720	**2122**
730	**569**	1130	**881**	1530	**1193**	1930	**1505**	2330	**1817**	2730	**2129**
740	**577**	1140	**889**	1540	**1201**	1940	**1513**	2340	**1825**	2740	**2137**
750	**585**	1150	**897**	1550	**1209**	1950	**1521**	2350	**1833**	2750	**2145**
760	**593**	1160	**905**	1560	**1217**	1960	**1529**	2360	**1841**	2760	**2153**
770	**601**	1170	**913**	1570	**1225**	1970	**1537**	2370	**1849**	2770	**2161**
780	**608**	1180	**920**	1580	**1232**	1980	**1544**	2380	**1856**	2780	**2168**
790	**616**	1190	**928**	1590	**1240**	1990	**1552**	2390	**1864**	2790	**2176**
800	**624**	1200	**936**	1600	**1248**	2000	**1560**	2400	**1872**	2800	**2184**

2810	2192	3210	2504	3610	2816	4010	3128	4410	3440	4810	3752
2820	2200	3220	2512	3620	2824	4020	3136	4420	3448	4820	3760
2830	2207	3230	2519	3630	2831	4030	3143	4430	3455	4830	3767
2840	2215	3240	2527	3640	2839	4040	3151	4440	3463	4840	3775
2850	2223	3250	2535	3650	2847	4050	3159	4450	3471	4850	3783
2860	2231	3260	2543	3660	2855	4060	3167	4460	3479	4860	3791
2870	2239	3270	2551	3670	2863	4070	3175	4470	3487	4870	3799
2880	2246	3280	2558	3680	2870	4080	3182	4480	3494	4880	3806
2890	2254	3290	2566	3690	2878	4090	3190	4490	3502	4890	3814
2900	2262	3300	2574	3700	2886	4100	3198	4500	3510	4900	3822
2910	2270	3310	2582	3710	2894	4110	3206	4510	3518	4910	3830
2920	2278	3320	2590	3720	2902	4120	3214	4520	3526	4920	3838
2930	2285	3330	2597	3730	2909	4130	3221	4530	3533	4930	3845
2940	2293	3340	2605	3740	2917	4140	3229	4540	3541	4940	3853
2950	2301	3350	2613	3750	2925	4150	3237	4550	3549	4950	3861
2960	2309	3360	2621	3760	2933	4160	3245	4560	3557	4960	3869
2970	2317	3370	2629	3770	2941	4170	3253	4570	3565	4970	3877
2980	2324	3380	2636	3780	2948	4180	3260	4580	3572	4980	3884
2990	2332	3390	2644	3790	2956	4190	3268	4590	3580	4990	3892
3000	2340	3400	2652	3800	2964	4200	3276	4600	3588	5000	3900
3010	2348	3410	2660	3810	2972	4210	3284	4610	3596	5010	3908
3020	2356	3420	2668	3820	2980	4220	3292	4620	3604	5020	3916
3030	2363	3430	2675	3830	2987	4230	3299	4630	3611	5030	3923
3040	2371	3440	2683	3840	2995	4240	3307	4640	3619	5040	3931
3050	2379	3450	2691	3850	3003	4250	3315	4650	3627	5050	3939
3060	2387	3460	2699	3860	3011	4260	3323	4660	3635	5060	3947
3070	2395	3470	2707	3870	3019	4270	3331	4670	3643	5070	3955
3080	2402	3480	2714	3880	3026	4280	3338	4680	3650	5080	3962
3090	2410	3490	2722	3890	3034	4290	3346	4690	3658	5090	3970
3100	2418	3500	2730	3900	3042	4300	3354	4700	3666	5100	3978
3110	2426	3510	2738	3910	3050	4310	3362	4710	3674	5110	3986
3120	2434	3520	2746	3920	3058	4320	3370	4720	3682	5120	3994
3130	2441	3530	2753	3930	3065	4330	3377	4730	3689	5130	4001
3140	2449	3540	2761	3940	3073	4340	3385	4740	3697	5140	4009
3150	2457	3550	2769	3950	3081	4350	3393	4750	3705	5150	4017
3160	2465	3560	2777	3960	3089	4360	3401	4760	3713	5160	4025
3170	2473	3570	2785	3970	3097	4370	3409	4770	3721	5170	4033
3180	2480	3580	2792	3980	3104	4380	3416	4780	3728	5180	4040
3190	2488	3590	2800	3990	3112	4390	3424	4790	3736	5190	4048
3200	2496	3600	2808	4000	3120	4400	3432	4800	3744	5200	4056

23

410	**316**	810	**624**	1210	**932**	1610	**1240**	2010	**1548**	2410	**1856**
420	**323**	820	**631**	1220	**939**	1620	**1247**	2020	**1555**	2420	**1863**
430	**331**	830	**639**	1230	**947**	1630	**1255**	2030	**1563**	2430	**1871**
440	**339**	840	**647**	1240	**955**	1640	**1263**	2040	**1571**	2440	**1879**
450	**346**	850	**654**	1250	**962**	1650	**1270**	2050	**1578**	2450	**1886**
460	**354**	860	**662**	1260	**970**	1660	**1278**	2060	**1586**	2460	**1894**
470	**362**	870	**670**	1270	**978**	1670	**1286**	2070	**1594**	2470	**1902**
480	**370**	880	**678**	1280	**986**	1680	**1294**	2080	**1602**	2480	**1910**
490	**377**	890	**685**	1290	**993**	1690	**1301**	2090	**1609**	2490	**1917**
500	**385**	900	**693**	1300	**1001**	1700	**1309**	2100	**1617**	2500	**1925**
510	**393**	910	**701**	1310	**1009**	1710	**1317**	2110	**1625**	2510	**1933**
520	**400**	920	**708**	1320	**1016**	1720	**1324**	2120	**1632**	2520	**1940**
530	**408**	930	**716**	1330	**1024**	1730	**1332**	2130	**1640**	2530	**1948**
540	**416**	940	**724**	1340	**1032**	1740	**1340**	2140	**1648**	2540	**1956**
550	**423**	950	**731**	1350	**1039**	1750	**1347**	2150	**1655**	2550	**1963**
560	**431**	960	**739**	1360	**1047**	1760	**1355**	2160	**1663**	2560	**1971**
570	**439**	970	**747**	1370	**1055**	1770	**1363**	2170	**1671**	2570	**1979**
580	**447**	980	**755**	1380	**1063**	1780	**1371**	2180	**1679**	2580	**1987**
590	**454**	990	**762**	1390	**1070**	1790	**1378**	2190	**1686**	2590	**1994**
600	**462**	1000	**770**	1400	**1078**	1800	**1386**	2200	**1694**	2600	**2002**
610	**470**	1010	**778**	1410	**1086**	1810	**1394**	2210	**1702**	2610	**2010**
620	**477**	1020	**785**	1420	**1093**	1820	**1401**	2220	**1709**	2620	**2017**
630	**485**	1030	**793**	1430	**1101**	1830	**1409**	2230	**1717**	2630	**2025**
640	**493**	1040	**801**	1440	**1109**	1840	**1417**	2240	**1725**	2640	**2033**
650	**500**	1050	**808**	1450	**1116**	1850	**1424**	2250	**1732**	2650	**2040**
660	**508**	1060	**816**	1460	**1124**	1860	**1432**	2260	**1740**	2660	**2048**
670	**516**	1070	**824**	1470	**1132**	1870	**1440**	2270	**1748**	2670	**2056**
680	**524**	1080	**832**	1480	**1140**	1880	**1448**	2280	**1756**	2680	**2064**
690	**531**	1090	**839**	1490	**1147**	1890	**1455**	2290	**1763**	2690	**2071**
700	**539**	1100	**847**	1500	**1155**	1900	**1463**	2300	**1771**	2700	**2079**
710	**547**	1110	**855**	1510	**1163**	1910	**1471**	2310	**1779**	2710	**2087**
720	**554**	1120	**862**	1520	**1170**	1920	**1478**	2320	**1786**	2720	**2094**
730	**562**	1130	**870**	1530	**1178**	1930	**1486**	2330	**1794**	2730	**2102**
740	**570**	1140	**878**	1540	**1186**	1940	**1494**	2340	**1802**	2740	**2110**
750	**577**	1150	**885**	1550	**1193**	1950	**1501**	2350	**1809**	2750	**2117**
760	**585**	1160	**893**	1560	**1201**	1960	**1509**	2360	**1817**	2760	**2125**
770	**593**	1170	**901**	1570	**1209**	1970	**1517**	2370	**1825**	2770	**2133**
780	**601**	1180	**909**	1580	**1217**	1980	**1525**	2380	**1833**	2780	**2141**
790	**608**	1190	**916**	1590	**1224**	1990	**1532**	2390	**1840**	2790	**2148**
800	**616**	1200	**924**	1600	**1232**	2000	**1540**	2400	**1848**	2800	**2156**

2810	**2164**	3210	**2472**	3610	**2780**	4010	**3088**	4410	**3396**	4810	**3704**
2820	**2171**	3220	**2479**	3620	**2787**	4020	**3095**	4420	**3403**	4820	**3711**
2830	**2179**	3230	**2487**	3630	**2795**	4030	**3103**	4430	**3411**	4830	**3719**
2840	**2187**	3240	**2495**	3640	**2803**	4040	**3111**	4440	**3419**	4840	**3727**
2850	**2194**	3250	**2502**	3650	**2810**	4050	**3118**	4450	**3426**	4850	**3734**
2860	**2202**	3260	**2510**	3660	**2818**	4060	**3126**	4460	**3434**	4860	**3742**
2870	**2210**	3270	**2518**	3670	**2826**	4070	**3134**	4470	**3442**	4870	**3750**
2880	**2218**	3280	**2526**	3680	**2834**	4080	**3142**	4480	**3450**	4880	**3758**
2890	**2225**	3290	**2533**	3690	**2841**	4090	**3149**	4490	**3457**	4890	**3765**
2900	**2233**	3300	**2541**	3700	**2849**	4100	**3157**	4500	**3465**	4900	**3773**
2910	**2241**	3310	**2549**	3710	**2857**	4110	**3165**	4510	**3473**	4910	**3781**
2920	**2248**	3320	**2556**	3720	**2864**	4120	**3172**	4520	**3480**	4920	**3788**
2930	**2256**	3330	**2564**	3730	**2872**	4130	**3180**	4530	**3488**	4930	**3796**
2940	**2264**	3340	**2572**	3740	**2880**	4140	**3188**	4540	**3496**	4940	**3804**
2950	**2271**	3350	**2579**	3750	**2887**	4150	**3195**	4550	**3503**	4950	**3811**
2960	**2279**	3360	**2587**	3760	**2895**	4160	**3203**	4560	**3511**	4960	**3819**
2970	**2287**	3370	**2595**	3770	**2903**	4170	**3211**	4570	**3519**	4970	**3827**
2980	**2295**	3380	**2603**	3780	**2911**	4180	**3219**	4580	**3527**	4980	**3835**
2990	**2302**	3390	**2610**	3790	**2918**	4190	**3226**	4590	**3534**	4990	**3842**
3000	**2310**	3400	**2618**	3800	**2926**	4200	**3234**	4600	**3542**	5000	**3850**
3010	**2318**	3410	**2626**	3810	**2934**	4210	**3242**	4610	**3550**	5010	**3858**
3020	**2325**	3420	**2633**	3820	**2941**	4220	**3249**	4620	**3557**	5020	**3865**
3030	**2333**	3430	**2641**	3830	**2949**	4230	**3257**	4630	**3565**	5030	**3873**
3040	**2341**	3440	**2649**	3840	**2957**	4240	**3265**	4640	**3573**	5040	**3881**
3050	**2348**	3450	**2656**	3850	**2964**	4250	**3272**	4650	**3580**	5050	**3888**
3060	**2356**	3460	**2664**	3860	**2972**	4260	**3280**	4660	**3588**	5060	**3896**
3070	**2364**	3470	**2672**	3870	**2980**	4270	**3288**	4670	**3596**	5070	**3904**
3080	**2372**	3480	**2680**	3880	**2988**	4280	**3296**	4680	**3604**	5080	**3912**
3090	**2379**	3490	**2687**	3890	**2995**	4290	**3303**	4690	**3611**	5090	**3919**
3100	**2387**	3500	**2695**	3900	**3003**	4300	**3311**	4700	**3619**	5100	**3927**
3110	**2395**	3510	**2703**	3910	**3011**	4310	**3319**	4710	**3627**	5110	**3935**
3120	**2402**	3520	**2710**	3920	**3018**	4320	**3326**	4720	**3634**	5120	**3942**
3130	**2410**	3530	**2718**	3930	**3026**	4330	**3334**	4730	**3642**	5130	**3950**
3140	**2418**	3540	**2726**	3940	**3034**	4340	**3342**	4740	**3650**	5140	**3958**
3150	**2425**	3550	**2733**	3950	**3041**	4350	**3349**	4750	**3657**	5150	**3965**
3160	**2433**	3560	**2741**	3960	**3049**	4360	**3357**	4760	**3665**	5160	**3973**
3170	**2441**	3570	**2749**	3970	**3057**	4370	**3365**	4770	**3673**	5170	**3981**
3180	**2449**	3580	**2757**	3980	**3065**	4380	**3373**	4780	**3681**	5180	**3989**
3190	**2456**	3590	**2764**	3990	**3072**	4390	**3380**	4790	**3688**	5190	**3996**
3200	**2464**	3600	**2772**	4000	**3080**	4400	**3388**	4800	**3696**	5200	**4004**

24

410	312	810	616	1210	920	1610	1224	2010	1528	2410	1832
420	319	820	623	1220	927	1620	1231	2020	1535	2420	1839
430	327	830	631	1230	935	1630	1239	2030	1543	2430	1847
440	334	840	638	1240	942	1640	1246	2040	1550	2440	1854
450	342	850	646	1250	950	1650	1254	2050	1558	2450	1862
460	350	860	654	1260	958	1660	1262	2060	1566	2460	1870
470	357	870	661	1270	965	1670	1269	2070	1573	2470	1877
480	365	880	669	1280	973	1680	1277	2080	1581	2480	1885
490	372	890	676	1290	980	1690	1284	2090	1588	2490	1892
500	380	900	684	1300	988	1700	1292	2100	1596	2500	1900
510	388	910	692	1310	996	1710	1300	2110	1604	2510	1908
520	395	920	699	1320	1003	1720	1307	2120	1611	2520	1915
530	403	930	707	1330	1011	1730	1315	2130	1619	2530	1923
540	410	940	714	1340	1018	1740	1322	2140	1626	2540	1930
550	418	950	722	1350	1026	1750	1330	2150	1634	2550	1938
560	426	960	730	1360	1034	1760	1338	2160	1642	2560	1946
570	433	970	737	1370	1041	1770	1345	2170	1649	2570	1953
580	441	980	745	1380	1049	1780	1353	2180	1657	2580	1961
590	448	990	752	1390	1056	1790	1360	2190	1664	2590	1968
600	456	1000	760	1400	1064	1800	1368	2200	1672	2600	1976
610	464	1010	768	1410	1072	1810	1376	2210	1680	2610	1984
620	471	1020	775	1420	1079	1820	1383	2220	1687	2620	1991
630	479	1030	783	1430	1087	1830	1391	2230	1695	2630	1999
640	486	1040	790	1440	1094	1840	1398	2240	1702	2640	2006
650	494	1050	798	1450	1102	1850	1406	2250	1710	2650	2014
660	502	1060	806	1460	1110	1860	1414	2260	1718	2660	2022
670	509	1070	813	1470	1117	1870	1421	2270	1725	2670	2029
680	517	1080	821	1480	1125	1880	1429	2280	1733	2680	2037
690	524	1090	828	1490	1132	1890	1436	2290	1740	2690	2044
700	532	1100	836	1500	1140	1900	1444	2300	1748	2700	2052
710	540	1110	844	1510	1148	1910	1452	2310	1756	2710	2060
720	547	1120	851	1520	1155	1920	1459	2320	1763	2720	2067
730	555	1130	859	1530	1163	1930	1467	2330	1771	2730	2075
740	562	1140	866	1540	1170	1940	1474	2340	1778	2740	2082
750	570	1150	874	1550	1178	1950	1482	2350	1786	2750	2090
760	578	1160	882	1560	1186	1960	1490	2360	1794	2760	2098
770	585	1170	889	1570	1193	1970	1497	2370	1801	2770	2105
780	593	1180	897	1580	1201	1980	1505	2380	1809	2780	2113
790	600	1190	904	1590	1208	1990	1512	2390	1816	2790	2120
800	608	1200	912	1600	1216	2000	1520	2400	1824	2800	2128

2810	**2136**	3210	**2440**	3610	**2744**	4010	**3048**	4410	**3352**	4810	**3656**
2820	**2143**	3220	**2447**	3620	**2751**	4020	**3055**	4420	**3359**	4820	**3663**
2830	**2151**	3230	**2455**	3630	**2759**	4030	**3063**	4430	**3367**	4830	**3671**
2840	**2158**	3240	**2462**	3640	**2766**	4040	**3070**	4440	**3374**	4840	**3678**
2850	**2166**	3250	**2470**	3650	**2774**	4050	**3078**	4450	**3382**	4850	**3686**
2860	**2174**	3260	**2478**	3660	**2782**	4060	**3086**	4460	**3390**	4860	**3694**
2870	**2181**	3270	**2485**	3670	**2789**	4070	**3093**	4470	**3397**	4870	**3701**
2880	**2189**	3280	**2493**	3680	**2797**	4080	**3101**	4480	**3405**	4880	**3709**
2890	**2196**	3290	**2500**	3690	**2804**	4090	**3108**	4490	**3412**	4890	**3716**
2900	**2204**	3300	**2508**	3700	**2812**	4100	**3116**	4500	**3420**	4900	**3724**
2910	**2212**	3310	**2516**	3710	**2820**	4110	**3124**	4510	**3428**	4910	**3732**
2920	**2219**	3320	**2523**	3720	**2827**	4120	**3131**	4520	**3435**	4920	**3739**
2930	**2227**	3330	**2531**	3730	**2835**	4130	**3139**	4530	**3443**	4930	**3747**
2940	**2234**	3340	**2538**	3740	**2842**	4140	**3146**	4540	**3450**	4940	**3754**
2950	**2242**	3350	**2546**	3750	**2850**	4150	**3154**	4550	**3458**	4950	**3762**
2960	**2250**	3360	**2554**	3760	**2858**	4160	**3162**	4560	**3466**	4960	**3770**
2970	**2257**	3370	**2561**	3770	**2865**	4170	**3169**	4570	**3473**	4970	**3777**
2980	**2265**	3380	**2569**	3780	**2873**	4180	**3177**	4580	**3481**	4980	**3785**
2990	**2272**	3390	**2576**	3790	**2880**	4190	**3184**	4590	**3488**	4990	**3792**
3000	**2280**	3400	**2584**	3800	**2888**	4200	**3192**	4600	**3496**	5000	**3800**
3010	**2288**	3410	**2592**	3810	**2896**	4210	**3200**	4610	**3504**	5010	**3808**
3020	**2295**	3420	**2599**	3820	**2903**	4220	**3207**	4620	**3511**	5020	**3815**
3030	**2303**	3430	**2607**	3830	**2911**	4230	**3215**	4630	**3519**	5030	**3823**
3040	**2310**	3440	**2614**	3840	**2918**	4240	**3222**	4640	**3526**	5040	**3830**
3050	**2318**	3450	**2622**	3850	**2926**	4250	**3230**	4650	**3534**	5050	**3838**
3060	**2326**	3460	**2630**	3860	**2934**	4260	**3238**	4660	**3542**	5060	**3846**
3070	**2333**	3470	**2637**	3870	**2941**	4270	**3245**	4670	**3549**	5070	**3853**
3080	**2341**	3480	**2645**	3880	**2949**	4280	**3253**	4680	**3557**	5080	**3861**
3090	**2348**	3490	**2652**	3890	**2956**	4290	**3260**	4690	**3564**	5090	**3868**
3100	**2356**	3500	**2660**	3900	**2964**	4300	**3268**	4700	**3572**	5100	**3876**
3110	**2364**	3510	**2668**	3910	**2972**	4310	**3276**	4710	**3580**	5110	**3884**
3120	**2371**	3520	**2675**	3920	**2979**	4320	**3283**	4720	**3587**	5120	**3891**
3130	**2379**	3530	**2683**	3930	**2987**	4330	**3291**	4730	**3595**	5130	**3899**
3140	**2386**	3540	**2690**	3940	**2994**	4340	**3298**	4740	**3602**	5140	**3906**
3150	**2394**	3550	**2698**	3950	**3002**	4350	**3306**	4750	**3610**	5150	**3914**
3160	**2402**	3560	**2706**	3960	**3010**	4360	**3314**	4760	**3618**	5160	**3922**
3170	**2409**	3570	**2713**	3970	**3017**	4370	**3321**	4770	**3625**	5170	**3929**
3180	**2417**	3580	**2721**	3980	**3025**	4380	**3329**	4780	**3633**	5180	**3937**
3190	**2424**	3590	**2728**	3990	**3032**	4390	**3336**	4790	**3640**	5190	**3944**
3200	**2432**	3600	**2736**	4000	**3040**	4400	**3344**	4800	**3648**	5200	**3952**

25

410	**307**	810	**607**	1210	**907**	1610	**1207**	2010	**1507**	2410	**1807**
420	**315**	820	**615**	1220	**915**	1620	**1215**	2020	**1515**	2420	**1815**
430	**322**	830	**622**	1230	**922**	1630	**1222**	2030	**1522**	2430	**1822**
440	**330**	840	**630**	1240	**930**	1640	**1230**	2040	**1530**	2440	**1830**
450	**337**	850	**637**	1250	**937**	1650	**1237**	2050	**1537**	2450	**1837**
460	**345**	860	**645**	1260	**945**	1660	**1245**	2060	**1545**	2460	**1845**
470	**352**	870	**652**	1270	**952**	1670	**1252**	2070	**1552**	2470	**1852**
480	**360**	880	**660**	1280	**960**	1680	**1260**	2080	**1560**	2480	**1860**
490	**367**	890	**667**	1290	**967**	1690	**1267**	2090	**1567**	2490	**1867**
500	**375**	900	**675**	1300	**975**	1700	**1275**	2100	**1575**	2500	**1875**
510	**382**	910	**682**	1310	**982**	1710	**1282**	2110	**1582**	2510	**1882**
520	**390**	920	**690**	1320	**990**	1720	**1290**	2120	**1590**	2520	**1890**
530	**397**	930	**697**	1330	**997**	1730	**1297**	2130	**1597**	2530	**1897**
540	**405**	940	**705**	1340	**1005**	1740	**1305**	2140	**1605**	2540	**1905**
550	**412**	950	**712**	1350	**1012**	1750	**1312**	2150	**1612**	2550	**1912**
560	**420**	960	**720**	1360	**1020**	1760	**1320**	2160	**1620**	2560	**1920**
570	**427**	970	**727**	1370	**1027**	1770	**1327**	2170	**1627**	2570	**1927**
580	**435**	980	**735**	1380	**1035**	1780	**1335**	2180	**1635**	2580	**1935**
590	**442**	990	**742**	1390	**1042**	1790	**1342**	2190	**1642**	2590	**1942**
600	**450**	1000	**750**	1400	**1050**	1800	**1350**	2200	**1650**	2600	**1950**
610	**457**	1010	**757**	1410	**1057**	1810	**1357**	2210	**1657**	2610	**1957**
620	**465**	1020	**765**	1420	**1065**	1820	**1365**	2220	**1665**	2620	**1965**
630	**472**	1030	**772**	1430	**1072**	1830	**1372**	2230	**1672**	2630	**1972**
640	**480**	1040	**780**	1440	**1080**	1840	**1380**	2240	**1680**	2640	**1980**
650	**487**	1050	**787**	1450	**1087**	1850	**1387**	2250	**1687**	2650	**1987**
660	**495**	1060	**795**	1460	**1095**	1860	**1395**	2260	**1695**	2660	**1995**
670	**502**	1070	**802**	1470	**1102**	1870	**1402**	2270	**1702**	2670	**2002**
680	**510**	1080	**810**	1480	**1110**	1880	**1410**	2280	**1710**	2680	**2010**
690	**517**	1090	**817**	1490	**1117**	1890	**1417**	2290	**1717**	2690	**2017**
700	**525**	1100	**825**	1500	**1125**	1900	**1425**	2300	**1725**	2700	**2025**
710	**532**	1110	**832**	1510	**1132**	1910	**1432**	2310	**1732**	2710	**2032**
720	**540**	1120	**840**	1520	**1140**	1920	**1440**	2320	**1740**	2720	**2040**
730	**547**	1130	**847**	1530	**1147**	1930	**1447**	2330	**1747**	2730	**2047**
740	**555**	1140	**855**	1540	**1155**	1940	**1455**	2340	**1755**	2740	**2055**
750	**562**	1150	**862**	1550	**1162**	1950	**1462**	2350	**1762**	2750	**2062**
760	**570**	1160	**870**	1560	**1170**	1960	**1470**	2360	**1770**	2760	**2070**
770	**577**	1170	**877**	1570	**1177**	1970	**1477**	2370	**1777**	2770	**2077**
780	**585**	1180	**885**	1580	**1185**	1980	**1485**	2380	**1785**	2780	**2085**
790	**592**	1190	**892**	1590	**1192**	1990	**1492**	2390	**1792**	2790	**2092**
800	**600**	1200	**900**	1600	**1200**	2000	**1500**	2400	**1800**	2800	**2100**

2810	2107	3210	2407	3610	2707	4010	3007	4410	3307	4810	3607
2820	2115	3220	2415	3620	2715	4020	3015	4420	3315	4820	3615
2830	2122	3230	2422	3630	2722	4030	3022	4430	3322	4830	3622
2840	2130	3240	2430	3640	2730	4040	3030	4440	3330	4840	3630
2850	2137	3250	2437	3650	2737	4050	3037	4450	3337	4850	3637
2860	2145	3260	2445	3660	2745	4060	3045	4460	3345	4860	3645
2870	2152	3270	2452	3670	2752	4070	3052	4470	3352	4870	3652
2880	2160	3280	2460	3680	2760	4080	3060	4480	3360	4880	3660
2890	2167	3290	2467	3690	2767	4090	3067	4490	3367	4890	3667
2900	2175	3300	2475	3700	2775	4100	3075	4500	3375	4900	3675
2910	2182	3310	2482	3710	2782	4110	3082	4510	3382	4910	3682
2920	2190	3320	2490	3720	2790	4120	3090	4520	3390	4920	3690
2930	2197	3330	2497	3730	2797	4130	3097	4530	3397	4930	3697
2940	2205	3340	2505	3740	2805	4140	3105	4540	3405	4940	3705
2950	2212	3350	2512	3750	2812	4150	3112	4550	3412	4950	3712
2960	2220	3360	2520	3760	2820	4160	3120	4560	3420	4960	3720
2970	2227	3370	2527	3770	2827	4170	3127	4570	3427	4970	3727
2980	2235	3380	2535	3780	2835	4180	3135	4580	3435	4980	3735
2990	2242	3390	2542	3790	2842	4190	3142	4590	3442	4990	3742
3000	2250	3400	2550	3800	2850	4200	3150	4600	3450	5000	3750
3010	2257	3410	2557	3810	2857	4210	3157	4610	3457	5010	3757
3020	2265	3420	2565	3820	2865	4220	3165	4620	3465	5020	3765
3030	2272	3430	2572	3830	2872	4230	3172	4630	3472	5030	3772
3040	2280	3440	2580	3840	2880	4240	3180	4640	3480	5040	3780
3050	2287	3450	2587	3850	2887	4250	3187	4650	3487	5050	3787
3060	2295	3460	2595	3860	2895	4260	3195	4660	3495	5060	3795
3070	2302	3470	2602	3870	2902	4270	3202	4670	3502	5070	3802
3080	2310	3480	2610	3880	2910	4280	3210	4680	3510	5080	3810
3090	2317	3490	2617	3890	2917	4290	3217	4690	3517	5090	3817
3100	2325	3500	2625	3900	2925	4300	3225	4700	3525	5100	3825
3110	2332	3510	2632	3910	2932	4310	3232	4710	3532	5110	3832
3120	2340	3520	2640	3920	2940	4320	3240	4720	3540	5120	3840
3130	2347	3530	2647	3930	2947	4330	3247	4730	3547	5130	3847
3140	2355	3540	2655	3940	2955	4340	3255	4740	3555	5140	3855
3150	2362	3550	2662	3950	2962	4350	3262	4750	3562	5150	3862
3160	2370	3560	2670	3960	2970	4360	3270	4760	3570	5160	3870
3170	2377	3570	2677	3970	2977	4370	3277	4770	3577	5170	3877
3180	2385	3580	2685	3980	2985	4380	3285	4780	3585	5180	3885
3190	2392	3590	2692	3990	2992	4390	3292	4790	3592	5190	3892
3200	2400	3600	2700	4000	3000	4400	3300	4800	3600	5200	3900

26

410	303	810	599	1210	895	1610	1191	2010	1487	2410	1783
420	311	820	607	1220	903	1620	1199	2020	1495	2420	1791
430	318	830	614	1230	910	1630	1206	2030	1502	2430	1798
440	326	840	622	1240	918	1640	1214	2040	1510	2440	1806
450	333	850	629	1250	925	1650	1221	2050	1517	2450	1813
460	340	860	636	1260	932	1660	1228	2060	1524	2460	1820
470	348	870	644	1270	940	1670	1236	2070	1532	2470	1828
480	355	880	651	1280	947	1680	1243	2080	1539	2480	1835
490	363	890	659	1290	955	1690	1251	2090	1547	2490	1843
500	370	900	666	1300	962	1700	1258	2100	1554	2500	1850
510	377	910	673	1310	969	1710	1265	2110	1561	2510	1857
520	385	920	681	1320	977	1720	1273	2120	1569	2520	1865
530	392	930	688	1330	984	1730	1280	2130	1576	2530	1872
540	400	940	696	1340	992	1740	1288	2140	1584	2540	1880
550	407	950	703	1350	999	1750	1295	2150	1591	2550	1887
560	414	960	710	1360	1006	1760	1302	2160	1598	2560	1894
570	422	970	718	1370	1014	1770	1310	2170	1606	2570	1902
580	429	980	725	1380	1021	1780	1317	2180	1613	2580	1909
590	437	990	733	1390	1029	1790	1325	2190	1621	2590	1917
600	444	1000	740	1400	1036	1800	1332	2200	1628	2600	1924
610	451	1010	747	1410	1043	1810	1339	2210	1635	2610	1931
620	459	1020	755	1420	1051	1820	1347	2220	1643	2620	1939
630	466	1030	762	1430	1058	1830	1354	2230	1650	2630	1946
640	474	1040	770	1440	1066	1840	1362	2240	1658	2640	1954
650	481	1050	777	1450	1073	1850	1369	2250	1665	2650	1961
660	488	1060	784	1460	1080	1860	1376	2260	1672	2660	1968
670	496	1070	792	1470	1088	1870	1384	2270	1680	2670	1976
680	503	1080	799	1480	1095	1880	1391	2280	1687	2680	1983
690	511	1090	807	1490	1103	1890	1399	2290	1695	2690	1991
700	518	1100	814	1500	1110	1900	1406	2300	1702	2700	1998
710	525	1110	821	1510	1117	1910	1413	2310	1709	2710	2005
720	533	1120	829	1520	1125	1920	1421	2320	1717	2720	2013
730	540	1130	836	1530	1132	1930	1428	2330	1724	2730	2020
740	548	1140	844	1540	1140	1940	1436	2340	1732	2740	2028
750	555	1150	851	1550	1147	1950	1443	2350	1739	2750	2035
760	562	1160	858	1560	1154	1960	1450	2360	1746	2760	2042
770	570	1170	866	1570	1162	1970	1458	2370	1754	2770	2050
780	577	1180	873	1580	1169	1980	1465	2380	1761	2780	2057
790	585	1190	881	1590	1177	1990	1473	2390	1769	2790	2065
800	592	1200	888	1600	1184	2000	1480	2400	1776	2800	2072

2810	**2079**	3210	**2375**	3610	**2671**	4010	**2967**	4410	**3263**	4810	**3559**
2820	**2087**	3220	**2383**	3620	**2679**	4020	**2975**	4420	**3271**	4820	**3567**
2830	**2094**	3230	**2390**	3630	**2686**	4030	**2982**	4430	**3278**	4830	**3574**
2840	**2102**	3240	**2398**	3640	**2694**	4040	**2990**	4440	**3286**	4840	**3582**
2850	**2109**	3250	**2405**	3650	**2701**	4050	**2997**	4450	**3293**	4850	**3589**
2860	**2116**	3260	**2412**	3660	**2708**	4060	**3004**	4460	**3300**	4860	**3596**
2870	**2124**	3270	**2420**	3670	**2716**	4070	**3012**	4470	**3308**	4870	**3604**
2880	**2131**	3280	**2427**	3680	**2723**	4080	**3019**	4480	**3315**	4880	**3611**
2890	**2139**	3290	**2435**	3690	**2731**	4090	**3027**	4490	**3323**	4890	**3619**
2900	**2146**	3300	**2442**	3700	**2738**	4100	**3034**	4500	**3330**	4900	**3626**
2910	**2153**	3310	**2449**	3710	**2745**	4110	**3041**	4510	**3337**	4910	**3633**
2920	**2161**	3320	**2457**	3720	**2753**	4120	**3049**	4520	**3345**	4920	**3641**
2930	**2168**	3330	**2464**	3730	**2760**	4130	**3056**	4530	**3352**	4930	**3648**
2940	**2176**	3340	**2472**	3740	**2768**	4140	**3064**	4540	**3360**	4940	**3656**
2950	**2183**	3350	**2479**	3750	**2775**	4150	**3071**	4550	**3367**	4950	**3663**
2960	**2190**	3360	**2486**	3760	**2782**	4160	**3078**	4560	**3374**	4960	**3670**
2970	**2198**	3370	**2494**	3770	**2790**	4170	**3086**	4570	**3382**	4970	**3678**
2980	**2205**	3380	**2501**	3780	**2797**	4180	**3093**	4580	**3389**	4980	**3685**
2990	**2213**	3390	**2509**	3790	**2805**	4190	**3101**	4590	**3397**	4990	**3693**
3000	**2220**	3400	**2516**	3800	**2812**	4200	**3108**	4600	**3404**	5000	**3700**
3010	**2227**	3410	**2523**	3810	**2819**	4210	**3115**	4610	**3411**	5010	**3707**
3020	**2235**	3420	**2531**	3820	**2827**	4220	**3123**	4620	**3419**	5020	**3715**
3030	**2242**	3430	**2538**	3830	**2834**	4230	**3130**	4630	**3426**	5030	**3722**
3040	**2250**	3440	**2546**	3840	**2842**	4240	**3138**	4640	**3434**	5040	**3730**
3050	**2257**	3450	**2553**	3850	**2849**	4250	**3145**	4650	**3441**	5050	**3737**
3060	**2264**	3460	**2560**	3860	**2856**	4260	**3152**	4660	**3448**	5060	**3744**
3070	**2272**	3470	**2568**	3870	**2864**	4270	**3160**	4670	**3456**	5070	**3752**
3080	**2279**	3480	**2575**	3880	**2871**	4280	**3167**	4680	**3463**	5080	**3759**
3090	**2287**	3490	**2583**	3890	**2879**	4290	**3175**	4690	**3471**	5090	**3767**
3100	**2294**	3500	**2590**	3900	**2886**	4300	**3182**	4700	**3478**	5100	**3774**
3110	**2301**	3510	**2597**	3910	**2893**	4310	**3189**	4710	**3485**	5110	**3781**
3120	**2309**	3520	**2605**	3920	**2901**	4320	**3197**	4720	**3493**	5120	**3789**
3130	**2316**	3530	**2612**	3930	**2908**	4330	**3204**	4730	**3500**	5130	**3796**
3140	**2324**	3540	**2620**	3940	**2916**	4340	**3212**	4740	**3508**	5140	**3804**
3150	**2331**	3550	**2627**	3950	**3923**	4350	**3219**	4750	**3515**	5150	**3811**
3160	**2338**	3560	**2634**	3960	**2930**	4360	**3226**	4760	**3522**	5160	**3818**
3170	**2346**	3570	**2642**	3970	**2938**	4370	**3234**	4770	**3530**	5170	**3826**
3180	**2353**	3580	**2649**	3980	**3945**	4380	**3241**	4780	**3537**	5180	**3833**
3190	**2361**	3590	**2657**	3990	**2953**	4390	**3249**	4790	**3545**	5190	**3841**
3200	**2368**	3600	**2664**	4000	**2960**	4400	**3256**	4800	**3552**	5200	**3848**

27

410	299	810	591	1210	883	1610	1175	2010	1467	2410	1759
420	307	820	599	1220	891	1620	1183	2020	1475	2420	1767
430	314	830	606	1230	898	1630	1190	2030	1482	2430	1774
440	321	840	613	1240	905	1640	1197	2040	1489	2440	1781
450	328	850	620	1250	912	1650	1204	2050	1496	2450	1788
460	336	860	628	1260	920	1660	1212	2060	1504	2460	1796
470	343	870	635	1270	927	1670	1219	2070	1511	2470	1803
480	350	880	642	1280	934	1680	1226	2080	1518	2480	1810
490	358	890	650	1290	942	1690	1234	2090	1526	2490	1818
500	365	900	657	1300	949	1700	1241	2100	1533	2500	1825
510	372	910	664	1310	956	1710	1248	2110	1540	2510	1832
520	380	920	672	1320	964	1720	1256	2120	1548	2520	1840
530	387	930	679	1330	971	1730	1263	2130	1555	2530	1847
540	394	940	686	1340	978	1740	1270	2140	1562	2540	1854
550	401	950	693	1350	985	1750	1277	2150	1569	2550	1861
560	409	960	701	1360	993	1760	1285	2160	1577	2560	1869
570	416	970	708	1370	1000	1770	1292	2170	1584	2570	1876
580	423	980	715	1380	1007	1780	1299	2180	1591	2580	1883
590	431	990	723	1390	1015	1790	1307	2190	1599	2590	1891
600	438	1000	730	1400	1022	1800	1314	2200	1606	2600	1898
610	445	1010	737	1410	1029	1810	1321	2210	1613	2610	1905
620	453	1020	745	1420	1037	1820	1329	2220	1621	2620	1913
630	460	1030	752	1430	1044	1830	1336	2230	1628	2630	1920
640	467	1040	759	1440	1051	1840	1343	2240	1635	2640	1927
650	474	1050	766	1450	1058	1850	1350	2250	1642	2650	1934
660	482	1060	774	1460	1066	1860	1358	2260	1650	2660	1942
670	489	1070	781	1470	1073	1870	1365	2270	1657	2670	1949
680	496	1080	788	1480	1080	1880	1372	2280	1664	2680	1956
690	504	1090	796	1490	1088	1890	1380	2290	1672	2690	1964
700	511	1100	803	1500	1095	1900	1387	2300	1679	2700	1971
710	518	1110	810	1510	1102	1910	1394	2310	1686	2710	1978
720	526	1120	818	1520	1110	1920	1402	2320	1694	2720	1986
730	533	1130	825	1530	1117	1930	1409	2330	1701	2730	1993
740	540	1140	832	1540	1124	1940	1416	2340	1708	2740	2000
750	547	1150	839	1550	1131	1950	1423	2350	1715	2750	2007
760	555	1160	847	1560	1139	1960	1431	2360	1723	2760	2015
770	562	1170	854	1570	1146	1970	1438	2370	1730	2770	2022
780	569	1180	861	1580	1153	1980	1445	2380	1737	2780	2029
790	577	1190	869	1590	1161	1990	1453	2390	1745	2790	2037
800	584	1200	876	1600	1168	2000	1460	2400	1752	2800	2044

2810	2051	3210	2343	3610	2635	4010	2927	4410	3219	4810	3511
2820	2059	3220	2351	3620	2643	4020	2935	4420	3227	4820	3519
2830	2066	3230	2358	3630	2650	4030	2942	4430	3234	4830	3526
2840	2073	3240	2365	3640	2657	4040	2949	4440	3241	4840	3533
2850	2080	3250	2372	3650	2664	4050	2956	4450	3248	4850	3540
2860	2088	3260	2380	3660	2672	4060	2964	4460	3256	4860	3548
2870	2095	3270	2387	3670	2679	4070	2971	4470	3263	4870	3555
2880	2102	3280	2394	3680	2686	4080	2978	4480	3270	4880	3562
2890	2110	3290	2402	3690	2694	4090	2986	4490	3278	4890	3570
2900	2117	3300	2409	3700	2701	4100	2993	4500	3285	4900	3577
2910	2124	3310	2416	3710	2708	4110	3000	4510	3292	4910	3584
2920	2132	3320	2424	3720	2716	4120	3008	4520	3300	4920	3592
2930	2139	3330	2431	3730	2723	4130	3015	4530	3307	4930	3599
2940	2146	3340	2438	3740	2730	4140	3022	4540	3314	4940	3606
2950	2153	3350	2445	3750	2737	4150	3029	4550	3321	4950	3613
2960	2161	3360	2453	3760	2745	4160	3037	4560	3329	4960	3621
2970	2168	3370	2460	3770	2752	4170	3044	4570	3336	4970	3628
2980	2175	3380	2467	3780	2759	4180	3051	4580	3343	4980	3635
2990	2183	3390	2475	3790	2767	4190	3059	4590	3351	4990	3643
3000	2190	3400	2482	3800	2774	4200	3066	4600	3358	5000	3650
3010	2197	3410	2489	3810	2781	4210	3073	4610	3365	5010	3657
3020	2205	3420	2497	3820	2789	4220	3081	4620	3373	5020	3665
3030	2212	3430	2504	3830	2796	4230	3088	4630	3380	5030	3672
3040	2219	3440	2511	3840	2803	4240	3095	4640	3387	5040	3679
3050	2226	3450	2518	3850	2810	4250	3102	4650	3394	5050	3686
3060	2234	3460	2526	3860	2818	4260	3110	4660	3402	5060	3694
3070	2241	3470	2533	3870	2825	4270	3117	4670	3409	5070	3701
3080	2248	3480	2540	3880	2832	4280	3124	4680	3416	5080	3708
3090	2256	3490	2548	3890	2840	4290	3132	4690	3424	5090	3716
3100	2263	3500	2555	3900	2847	4300	3139	4700	3431	5100	3723
3110	2270	3510	2562	3910	2854	4310	3146	4710	3438	5110	3730
3120	2278	3520	2570	3920	2862	4320	3154	4720	3446	5120	3738
3130	2285	3530	2577	3930	2869	4330	3161	4730	3453	5130	3745
3140	2292	3540	2584	3940	2876	4340	3168	4740	3460	5140	3752
3150	2299	3550	2591	3950	2883	4350	3175	4750	3467	5150	3759
3160	2307	3560	2599	3960	2891	4360	3183	4760	3475	5160	3767
3170	2314	3570	2606	3970	2898	4370	3190	4770	3482	5170	3774
3180	2321	3580	2613	3980	2905	4380	3197	4780	3489	5180	3781
3190	2329	3590	2621	3990	2913	4390	3205	4790	3497	5190	3789
3200	2336	3600	2628	4000	2920	4400	3212	4800	3504	5200	3796

28

410	295	810	583	1210	871	1610	1159	2010	1447	2410	1735
420	302	820	590	1220	878	1620	1166	2020	1454	2420	1742
430	310	830	598	1230	886	1630	1174	2030	1462	2430	1750
440	317	840	605	1240	893	1640	1181	2040	1469	2440	1757
450	324	850	612	1250	900	1650	1188	2050	1476	2450	1764
460	331	860	619	1260	907	1660	1195	2060	1483	2460	1771
470	338	870	626	1270	914	1670	1202	2070	1490	2470	1778
480	346	880	634	1280	922	1680	1210	2080	1498	2480	1786
490	353	890	641	1290	929	1690	1217	2090	1505	2490	1793
500	360	900	648	1300	936	1700	1224	2100	1512	2500	1800
510	367	910	655	1310	943	1710	1231	2110	1519	2510	1807
520	374	920	662	1320	950	1720	1238	2120	1526	2520	1814
530	382	930	670	1330	958	1730	1246	2130	1534	2530	1822
540	389	940	677	1340	965	1740	1253	2140	1541	2540	1829
550	396	950	684	1350	972	1750	1260	2150	1548	2550	1836
560	403	960	691	1360	979	1760	1267	2160	1555	2560	1843
570	410	970	698	1370	986	1770	1274	2170	1562	2570	1850
580	418	980	706	1380	994	1780	1282	2180	1570	2580	1858
590	425	990	713	1390	1001	1790	1289	2190	1577	2590	1865
600	432	1000	720	1400	1008	1800	1296	2200	1584	2600	1872
610	439	1010	727	1410	1015	1810	1303	2210	1591	2610	1879
620	446	1020	734	1420	1022	1820	1310	2220	1598	2620	1886
630	454	1030	742	1430	1030	1830	1318	2230	1606	2630	1894
640	461	1040	749	1440	1037	1840	1325	2240	1613	2640	1901
650	468	1050	756	1450	1044	1850	1332	2250	1620	2650	1908
660	475	1060	763	1460	1051	1860	1339	2260	1627	2660	1915
670	482	1070	770	1470	1058	1870	1346	2270	1634	2670	1922
680	490	1080	778	1480	1066	1880	1354	2280	1642	2680	1930
690	497	1090	785	1490	1073	1890	1361	2290	1649	2690	1937
700	504	1100	792	1500	1080	1900	1368	2300	1656	2700	1944
710	511	1110	799	1510	1087	1910	1375	2310	1663	2710	1951
720	518	1120	806	1520	1094	1920	1382	2320	1670	2720	1958
730	526	1130	814	1530	1102	1930	1390	2330	1678	2730	1966
740	533	1140	821	1540	1109	1940	1397	2340	1685	2740	1973
750	540	1150	828	1550	1116	1950	1404	2350	1692	2750	1980
760	547	1160	835	1560	1123	1960	1411	2360	1699	2760	1987
770	554	1170	842	1570	1130	1970	1418	2370	1706	2770	1994
780	562	1180	850	1580	1138	1980	1426	2380	1714	2780	2002
790	569	1190	857	1590	1145	1990	1433	2390	1721	2790	2009
800	576	1200	864	1600	1152	2000	1440	2400	1728	2800	2016

2810	2023	3210	2311	3610	2599	4010	2887	4410	3175	4810	3463
2820	2030	3220	2318	3620	2606	4020	2894	4420	3182	4820	3470
2830	2038	3230	2326	3630	2614	4030	2902	4430	3190	4830	3478
2840	2045	3240	2333	3640	2621	4040	2909	4440	3197	4840	3485
2850	2052	3250	2340	3650	2628	4050	2916	4450	3204	4850	3392
2860	2059	3260	2347	3660	2635	4060	2923	4460	3211	4860	3499
2870	2066	3270	2354	3670	2642	4070	2930	4470	3218	4870	3506
2880	2074	3280	2362	3680	2650	4080	2938	4480	3226	4880	3514
2890	2081	3290	2369	3690	2657	4090	2945	4490	3233	4890	3521
2900	2088	3300	2376	3700	2664	4100	2952	4500	3240	4900	3528
2910	2095	3310	2383	3710	2671	4110	2959	4510	3247	4910	3535
2920	2102	3320	2390	3720	2678	4120	2966	4520	3254	4920	3542
2930	2110	3330	2398	3730	2686	4130	2974	4530	3262	4930	3550
2940	2117	3340	2405	3740	2693	4140	2981	4540	3269	4940	3557
2950	2124	3350	2412	3750	2700	4150	2988	4550	3276	4950	3564
2960	2131	3360	2419	3760	2707	4160	2995	4560	3283	4960	3571
2970	2138	3370	2426	3770	2714	4170	3002	4570	3290	4970	3578
2980	2146	3380	2434	3780	2722	4180	3010	4580	3298	4980	3586
2990	2153	3390	2441	3790	2729	4190	3017	4590	3305	4990	3593
3000	2160	3400	2448	3800	2736	4200	3024	4600	3312	5000	3600
3010	2167	3410	2455	3810	2743	4210	3031	4610	3319	5010	3607
3020	2174	3420	2462	3820	2750	4220	3038	4620	3326	5020	3614
3030	2182	3430	2470	3830	2758	4230	3046	4630	3334	5030	3622
3040	2189	3440	2477	3840	2765	4240	3053	4640	3341	5040	3629
3050	2196	3450	2484	3850	2772	4250	3060	4650	3348	5050	3636
3060	2203	3460	2491	3860	2779	4260	3067	4660	3355	5060	3643
3070	2210	3470	2498	3870	2786	4270	3074	4670	3362	5070	3650
3080	2218	3480	2506	3880	2794	4280	3082	4680	3370	5080	3658
3090	2225	3490	2513	3890	2801	4290	3089	4690	3377	5090	3665
3100	2232	3500	2520	3900	2808	4300	3096	4700	3384	5100	3672
3110	2239	3510	2527	3910	2815	4310	3103	4710	3391	5110	3679
3120	2246	3520	2534	3920	2822	4320	3110	4720	3398	5120	3686
3130	2254	3530	2542	3930	2830	4330	3118	4730	3406	5130	3694
3140	2261	3540	2549	3940	2837	4340	3125	4740	3413	5140	3701
3150	2268	3550	2556	3950	2844	4350	3132	4750	3420	5150	3708
3160	2275	3560	2563	3960	2851	4360	3139	4760	3427	5160	3715
3170	2282	3570	2570	3970	2858	4370	3146	4770	3434	5170	3722
3180	2290	3580	2578	3980	2866	4380	3154	4780	3442	5180	3730
3190	2297	3590	2585	3990	2973	4390	3161	4790	3449	5190	3737
3200	2304	3600	2592	4000	2880	4400	3168	4800	3456	5200	3744

29

410	**291**	810	**575**	1210	**859**	1610	**1143**	2010	**1427**	2410	**1711**
420	**298**	820	**582**	1220	**866**	1620	**1150**	2020	**1434**	2420	**1718**
430	**305**	830	**589**	1230	**873**	1630	**1157**	2030	**1441**	2430	**1725**
440	**312**	840	**596**	1240	**880**	1640	**1164**	2040	**1448**	2440	**1732**
450	**319**	850	**603**	1250	**887**	1650	**1171**	2050	**1455**	2450	**1739**
460	**327**	860	**611**	1260	**895**	1660	**1179**	2060	**1463**	2460	**1747**
470	**334**	870	**618**	1270	**902**	1670	**1186**	2070	**1470**	2470	**1754**
480	**341**	880	**625**	1280	**909**	1680	**1193**	2080	**1477**	2480	**1761**
490	**348**	890	**632**	1290	**916**	1690	**1200**	2090	**1484**	2490	**1768**
500	**355**	900	**639**	1300	**923**	1700	**1207**	2100	**1491**	2500	**1775**
510	**362**	910	**646**	1310	**930**	1710	**1214**	2110	**1498**	2510	**1782**
520	**369**	920	**653**	1320	**937**	1720	**1221**	2120	**1505**	2520	**1789**
530	**376**	930	**660**	1330	**944**	1730	**1228**	2130	**1512**	2530	**1796**
540	**383**	940	**667**	1340	**951**	1740	**1235**	2140	**1519**	2540	**1803**
550	**390**	950	**674**	1350	**958**	1750	**1242**	2150	**1526**	2550	**1810**
560	**398**	960	**682**	1360	**966**	1760	**1250**	2160	**1534**	2560	**1818**
570	**405**	970	**689**	1370	**973**	1770	**1257**	2170	**1541**	2570	**1825**
580	**412**	980	**696**	1380	**980**	1780	**1264**	2180	**1548**	2580	**1832**
590	**419**	990	**703**	1390	**987**	1790	**1271**	2190	**1555**	2590	**1839**
600	**426**	1000	**710**	1400	**994**	1800	**1278**	2200	**1562**	2600	**1846**
610	**433**	1010	**717**	1410	**1001**	1810	**1285**	2210	**1569**	2610	**1853**
620	**440**	1020	**724**	1420	**1008**	1820	**1292**	2220	**1576**	2620	**1860**
630	**447**	1030	**731**	1430	**1015**	1830	**1299**	2230	**1583**	2630	**1867**
640	**454**	1040	**738**	1440	**1022**	1840	**1306**	2240	**1590**	2640	**1874**
650	**461**	1050	**745**	1450	**1029**	1850	**1313**	2250	**1597**	2650	**1881**
660	**469**	1060	**753**	1460	**1037**	1860	**1321**	2260	**1605**	2660	**1889**
670	**476**	1070	**760**	1470	**1044**	1870	**1328**	2270	**1612**	2670	**1896**
680	**483**	1080	**767**	1480	**1051**	1880	**1335**	2280	**1619**	2680	**1903**
690	**490**	1090	**774**	1490	**1058**	1890	**1342**	2290	**1626**	2690	**1910**
700	**497**	1100	**781**	1500	**1065**	1900	**1349**	2300	**1633**	2700	**1917**
710	**504**	1110	**788**	1510	**1072**	1910	**1356**	2310	**1640**	2710	**1924**
720	**511**	1120	**795**	1520	**1079**	1920	**1363**	2320	**1647**	2720	**1931**
730	**518**	1130	**802**	1530	**1086**	1930	**1370**	2330	**1654**	2730	**1938**
740	**525**	1140	**809**	1540	**1093**	1940	**1377**	2340	**1661**	2740	**1945**
750	**532**	1150	**816**	1550	**1100**	1950	**1384**	2350	**1668**	2750	**1952**
760	**540**	1160	**824**	1560	**1108**	1960	**1392**	2360	**1676**	2760	**1960**
770	**547**	1170	**831**	1570	**1115**	1970	**1399**	2370	**1683**	2770	**1967**
780	**554**	1180	**838**	1580	**1122**	1980	**1406**	2380	**1690**	2780	**1974**
790	**561**	1190	**845**	1590	**1129**	1990	**1413**	2390	**1697**	2790	**1981**
800	**568**	1200	**852**	1600	**1136**	2000	**1420**	2400	**1704**	2800	**1988**

2810	**1995**	3210	**2279**	3610	**2563**	4010	**2847**	4410	**3131**	4810	**3415**
2820	**2002**	3220	**2286**	3620	**2570**	4020	**2854**	4420	**3138**	4820	**3422**
2830	**2009**	3230	**2293**	3630	**2577**	4030	**2861**	4430	**3145**	4830	**3429**
2840	**2016**	3240	**2300**	3640	**2584**	4040	**2868**	4440	**3152**	4840	**3436**
2850	**2023**	3250	**2307**	3650	**2591**	4050	**2875**	4450	**3159**	4850	**3443**
2860	**2031**	3260	**2315**	3660	**2599**	4060	**2883**	4460	**3167**	4860	**3451**
2870	**2038**	3270	**2322**	3670	**2606**	4070	**2890**	4470	**3174**	4870	**3458**
2880	**2045**	3280	**2329**	3680	**2613**	4080	**2897**	4480	**3181**	4880	**3465**
2890	**2052**	3290	**2336**	3690	**2620**	4090	**2904**	4490	**3188**	4890	**3472**
2900	**2059**	3300	**2343**	3700	**2627**	4100	**2911**	4500	**3195**	4900	**3479**
2910	**2066**	3310	**2350**	3710	**2634**	4110	**2918**	4510	**3202**	4910	**3486**
2920	**2073**	3320	**2357**	3720	**2641**	4120	**2925**	4520	**3209**	4920	**3493**
2930	**2080**	3330	**2364**	3730	**2648**	4130	**2932**	4530	**3216**	4930	**3500**
2940	**2087**	3340	**2371**	3740	**2655**	4140	**2939**	4540	**3223**	4940	**3507**
2950	**2094**	3350	**2378**	3750	**2662**	4150	**2946**	4550	**3230**	4950	**3514**
2960	**2102**	3360	**2386**	3760	**2670**	4160	**2954**	4560	**3238**	4960	**3522**
2970	**2109**	3370	**2393**	3770	**2677**	4170	**2961**	4570	**3245**	4970	**3529**
2980	**2116**	3380	**2400**	3780	**2684**	4180	**2968**	4580	**3252**	4980	**3536**
2990	**2123**	3390	**2407**	3790	**2691**	4190	**2975**	4590	**3259**	4990	**3543**
3000	**2130**	3400	**2414**	3800	**2698**	4200	**2982**	4600	**3266**	5000	**3550**
3010	**2137**	3410	**2421**	3810	**2705**	4210	**2989**	4610	**3273**	5010	**3557**
3020	**2144**	3420	**2428**	3820	**2712**	4220	**2996**	4620	**3280**	5020	**3564**
3030	**2151**	3430	**2435**	3830	**2719**	4230	**3003**	4630	**3287**	5030	**3571**
3040	**2158**	3440	**2442**	3840	**2726**	4240	**3010**	4640	**3294**	5040	**3578**
3050	**2165**	3450	**2449**	3850	**2733**	4250	**3017**	4650	**3301**	5050	**3585**
3060	**2173**	3460	**2457**	3860	**2741**	4260	**3025**	4660	**3309**	5060	**3593**
3070	**2180**	3470	**2464**	3870	**2748**	4270	**3032**	4670	**3316**	5070	**3600**
3080	**2187**	3480	**2471**	3880	**2755**	4280	**3039**	4680	**3323**	5080	**3607**
3090	**2194**	3490	**2478**	3890	**2762**	4290	**3046**	4690	**3330**	5090	**3614**
3100	**2201**	3500	**2485**	3900	**2769**	4300	**3053**	4700	**3337**	5100	**3621**
3110	**2208**	3510	**2492**	3910	**2776**	4310	**3060**	4710	**3344**	5110	**3628**
3120	**2215**	3520	**2499**	3920	**2783**	4320	**3067**	4720	**3351**	5120	**3635**
3130	**2222**	3530	**2506**	3930	**2790**	4330	**3074**	4730	**3358**	5130	**3642**
3140	**2229**	3540	**2513**	3940	**2797**	4340	**3081**	4740	**3365**	5140	**3649**
3150	**2236**	3550	**2520**	3950	**2804**	4350	**3088**	4750	**3372**	5150	**3656**
3160	**2244**	3560	**2528**	3960	**2812**	4360	**3096**	4760	**3380**	5160	**3664**
3170	**2251**	3570	**2535**	3970	**2819**	4370	**3103**	4770	**3387**	5170	**3671**
3180	**2258**	3580	**2542**	3980	**2826**	4380	**3110**	4780	**3394**	5180	**3678**
3190	**2265**	3590	**2549**	3990	**2833**	4390	**3117**	4790	**3401**	5190	**3685**
3200	**2272**	3600	**2556**	4000	**2840**	4400	**3124**	4800	**3408**	5200	**3692**

30

410	**287**	810	**567**	1210	**847**	1610	**1127**	2010	**1407**	2410	**1687**
420	**294**	820	**574**	1220	**854**	1620	**1134**	2020	**1414**	2420	**1694**
430	**301**	830	**581**	1230	**861**	1630	**1141**	2030	**1421**	2430	**1701**
440	**308**	840	**588**	1240	**868**	1640	**1148**	2040	**1428**	2440	**1708**
450	**315**	850	**595**	1250	**875**	1650	**1155**	2050	**1435**	2450	**1715**
460	**322**	860	**602**	1260	**882**	1660	**1162**	2060	**1442**	2460	**1722**
470	**329**	870	**609**	1270	**889**	1670	**1169**	2070	**1449**	2470	**1729**
480	**336**	880	**616**	1280	**896**	1680	**1176**	2080	**1456**	2480	**1736**
490	**343**	890	**623**	1290	**903**	1690	**1183**	2090	**1463**	2490	**1743**
500	**350**	900	**630**	1300	**910**	1700	**1190**	2100	**1470**	2500	**1750**
510	**357**	910	**637**	1310	**917**	1710	**1197**	2110	**1477**	2510	**1757**
520	**364**	920	**644**	1320	**924**	1720	**1204**	2120	**1484**	2520	**1764**
530	**371**	930	**651**	1330	**931**	1730	**1211**	2130	**1491**	2530	**1771**
540	**378**	940	**658**	1340	**938**	1740	**1218**	2140	**1498**	2540	**1778**
550	**385**	950	**665**	1350	**945**	1750	**1225**	2150	**1505**	2550	**1785**
560	**392**	960	**672**	1360	**952**	1760	**1232**	2160	**1512**	2560	**1792**
570	**399**	970	**679**	1370	**959**	1770	**1239**	2170	**1519**	2570	**1799**
580	**406**	980	**686**	1380	**966**	1780	**1246**	2180	**1526**	2580	**1806**
590	**413**	990	**693**	1390	**973**	1790	**1253**	2190	**1533**	2590	**1813**
600	**420**	1000	**700**	1400	**980**	1800	**1260**	2200	**1540**	2600	**1820**
610	**427**	1010	**707**	1410	**987**	1810	**1267**	2210	**1547**	2610	**1827**
620	**434**	1020	**714**	1420	**994**	1820	**1274**	2220	**1554**	2620	**1834**
630	**441**	1030	**721**	1430	**1001**	1830	**1281**	2230	**1561**	2630	**1841**
640	**448**	1040	**728**	1440	**1008**	1840	**1288**	2240	**1568**	2640	**1848**
650	**455**	1050	**735**	1450	**1015**	1850	**1295**	2250	**1575**	2650	**1855**
660	**462**	1060	**742**	1460	**1022**	1860	**1302**	2260	**1582**	2660	**1862**
670	**469**	1070	**749**	1470	**1029**	1870	**1309**	2270	**1589**	2670	**1869**
680	**476**	1080	**756**	1480	**1036**	1880	**1316**	2280	**1596**	2680	**1876**
690	**483**	1090	**763**	1490	**1043**	1890	**1323**	2290	**1603**	2690	**1883**
700	**490**	1100	**770**	1500	**1050**	1900	**1330**	2300	**1610**	2700	**1890**
710	**497**	1110	**777**	1510	**1057**	1910	**1337**	2310	**1617**	2710	**1897**
720	**504**	1120	**784**	1520	**1064**	1920	**1344**	2320	**1624**	2720	**1904**
730	**511**	1130	**791**	1530	**1071**	1930	**1351**	2330	**1631**	2730	**1911**
740	**518**	1140	**798**	1540	**1078**	1940	**1358**	2340	**1638**	2740	**1918**
750	**525**	1150	**805**	1550	**1085**	1950	**1365**	2350	**1645**	2750	**1925**
760	**532**	1160	**812**	1560	**1092**	1960	**1372**	2360	**1652**	2760	**1932**
770	**539**	1170	**819**	1570	**1099**	1970	**1379**	2370	**1659**	2770	**1939**
780	**546**	1180	**826**	1580	**1106**	1980	**1386**	2380	**1666**	2780	**1946**
790	**553**	1190	**833**	1590	**1113**	1990	**1393**	2390	**1673**	2790	**1953**
800	**560**	1200	**840**	1600	**1120**	2000	**1400**	2400	**1680**	2800	**1960**

2810	**1967**	3210	**2247**	3610	**2527**	4010	**2807**	4410	**3087**	4810	**3367**
2820	**1974**	3220	**2254**	3620	**2534**	4020	**2814**	4420	**3094**	4820	**3374**
2830	**1981**	3230	**2261**	3630	**2541**	4030	**2821**	4430	**3101**	4830	**3381**
2840	**1988**	3240	**2268**	3640	**2548**	4040	**2828**	4440	**3108**	4840	**3388**
2850	**1995**	3250	**2275**	3650	**2555**	4050	**2835**	4450	**3115**	4850	**3395**
2860	**2002**	3260	**2282**	3660	**2562**	4060	**2842**	4460	**3122**	4860	**3402**
2870	**2009**	3270	**2289**	3670	**2569**	4070	**2849**	4470	**3129**	4870	**3409**
2880	**2016**	3280	**2296**	3680	**2576**	4080	**2856**	4480	**3136**	4880	**3416**
2890	**2023**	3290	**2303**	3690	**2583**	4090	**2863**	4490	**3143**	4890	**3423**
2900	**2030**	3300	**2310**	3700	**2590**	4100	**2870**	4500	**3150**	4900	**3430**
2910	**2037**	3310	**2317**	3710	**2597**	4110	**2877**	4510	**3157**	4910	**3437**
2920	**2044**	3320	**2324**	3720	**2604**	4120	**2884**	4520	**3164**	4920	**3444**
2930	**2051**	3330	**2331**	3730	**2611**	4130	**2891**	4530	**3171**	4930	**3451**
2940	**2058**	3340	**2338**	3740	**2618**	4140	**2898**	4540	**3178**	4940	**3458**
2950	**2065**	3350	**2345**	3750	**2625**	4150	**2905**	4550	**3185**	4950	**3465**
2960	**2072**	3360	**2352**	3760	**2632**	4160	**2912**	4560	**3192**	4960	**3472**
2970	**2079**	3370	**2359**	3770	**2639**	4170	**2919**	4570	**3199**	4970	**3479**
2980	**2086**	3380	**2366**	3780	**2646**	4180	**2926**	4580	**3206**	4980	**3486**
2990	**2093**	3390	**2373**	3790	**2653**	4190	**2933**	4590	**3213**	4990	**3493**
3000	**2100**	3400	**2380**	3800	**2660**	4200	**2940**	4600	**3220**	5000	**3500**
3010	**2107**	3410	**2387**	3810	**2667**	4210	**2947**	4610	**3227**	5010	**3507**
3020	**2114**	3420	**2394**	3820	**2674**	4220	**2954**	4620	**3234**	5020	**3514**
3030	**2121**	3430	**2401**	3830	**2681**	4230	**2961**	4630	**3241**	5030	**3521**
3040	**2128**	3440	**2408**	3840	**2688**	4240	**2968**	4640	**3248**	5040	**3528**
3050	**2135**	3450	**2415**	3850	**2695**	4250	**2975**	4650	**3255**	5050	**3535**
3060	**2142**	3460	**2422**	3860	**2702**	4260	**2982**	4660	**3262**	5060	**3542**
3070	**2149**	3470	**2429**	3870	**2709**	4270	**2989**	4670	**3269**	5070	**3549**
3080	**2156**	3480	**2436**	3880	**2716**	4280	**2996**	4680	**3276**	5080	**3556**
3090	**2163**	3490	**2443**	3890	**2723**	4290	**3003**	4690	**3283**	5090	**3563**
3100	**2170**	3500	**2450**	3900	**2730**	4300	**3010**	4700	**3290**	5100	**3570**
3110	**2177**	3510	**2457**	3910	**2737**	4310	**3017**	4710	**3297**	5110	**3577**
3120	**2184**	3520	**2464**	3920	**2744**	4320	**3024**	4720	**3304**	5120	**3584**
3130	**2191**	3530	**2471**	3930	**2751**	4330	**3031**	4730	**3311**	5130	**3591**
3140	**2198**	3540	**2478**	3940	**2758**	4340	**3038**	4740	**3318**	5140	**3598**
3150	**2205**	3550	**2485**	3950	**2765**	4350	**3045**	4750	**3325**	5150	**3605**
3160	**2212**	3560	**2492**	3960	**2772**	4360	**3052**	4760	**3332**	5160	**3612**
3170	**2219**	3570	**2499**	3970	**2779**	4370	**3059**	4770	**3339**	5170	**3619**
3180	**2226**	3580	**2506**	3980	**2786**	4380	**3066**	4780	**3346**	5180	**3626**
3190	**2233**	3590	**2513**	3990	**2793**	4390	**3073**	4790	**3353**	5190	**3633**
3200	**2240**	3600	**2520**	4000	**2800**	4400	**3080**	4800	**3360**	5200	**3640**

www.ingramcontent.com/pod-product-compliance
Lightning Source LLC
LaVergne TN
LVHW012001160826
845678LV00002B/663

* 9 7 8 2 3 2 9 6 7 9 1 5 0 *